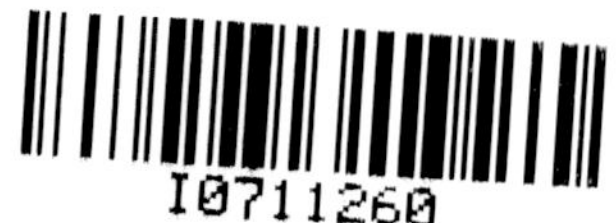

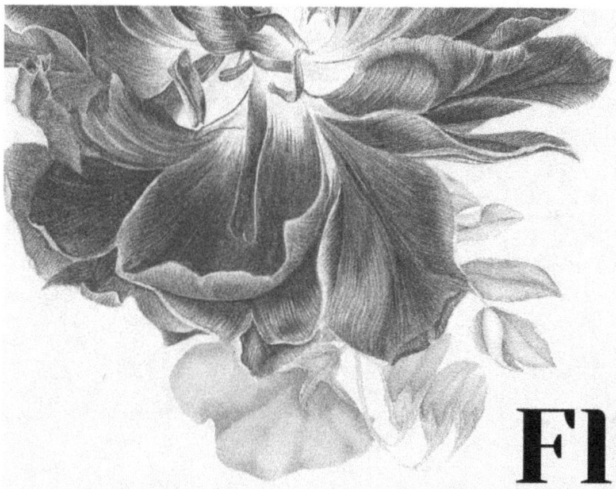

# Fleurs
# Et
# Amour

Livre De Coloriage Pour Adulte

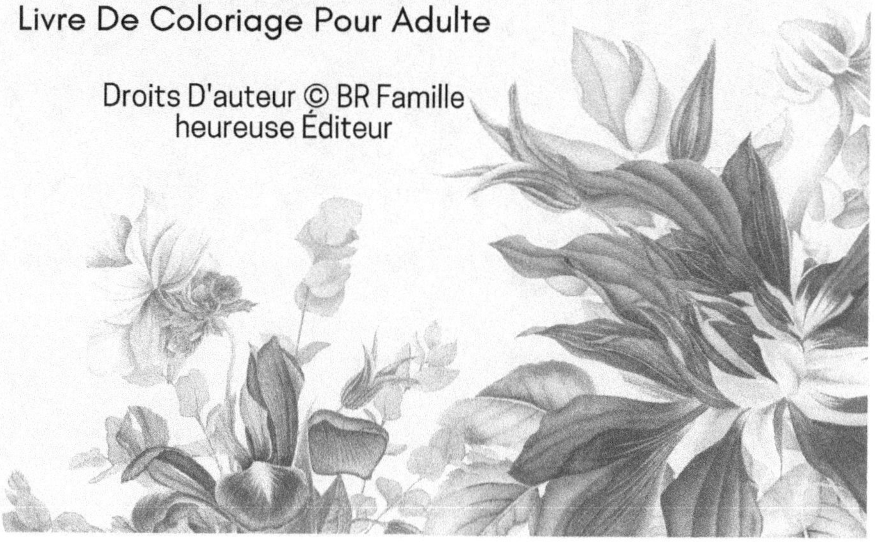

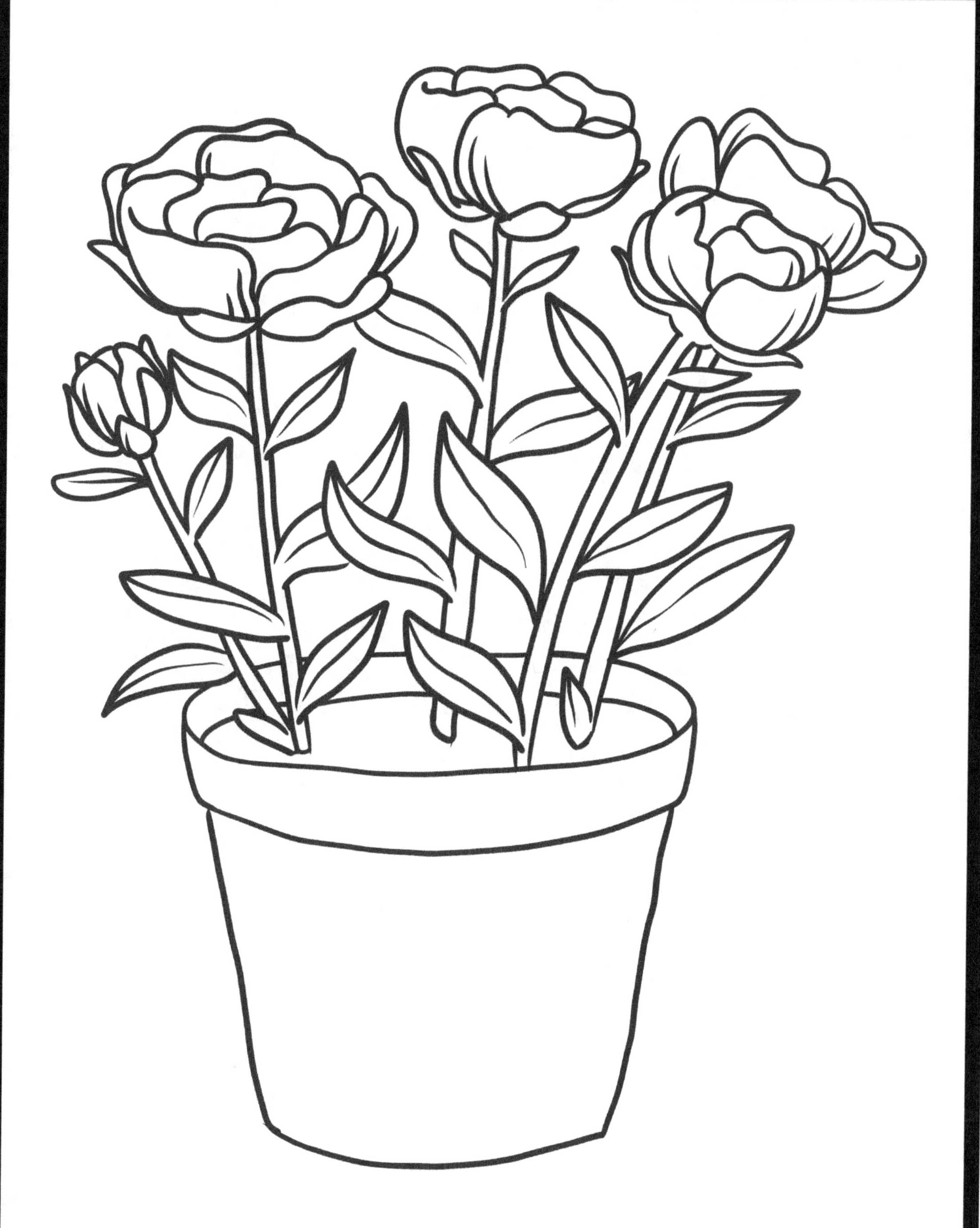

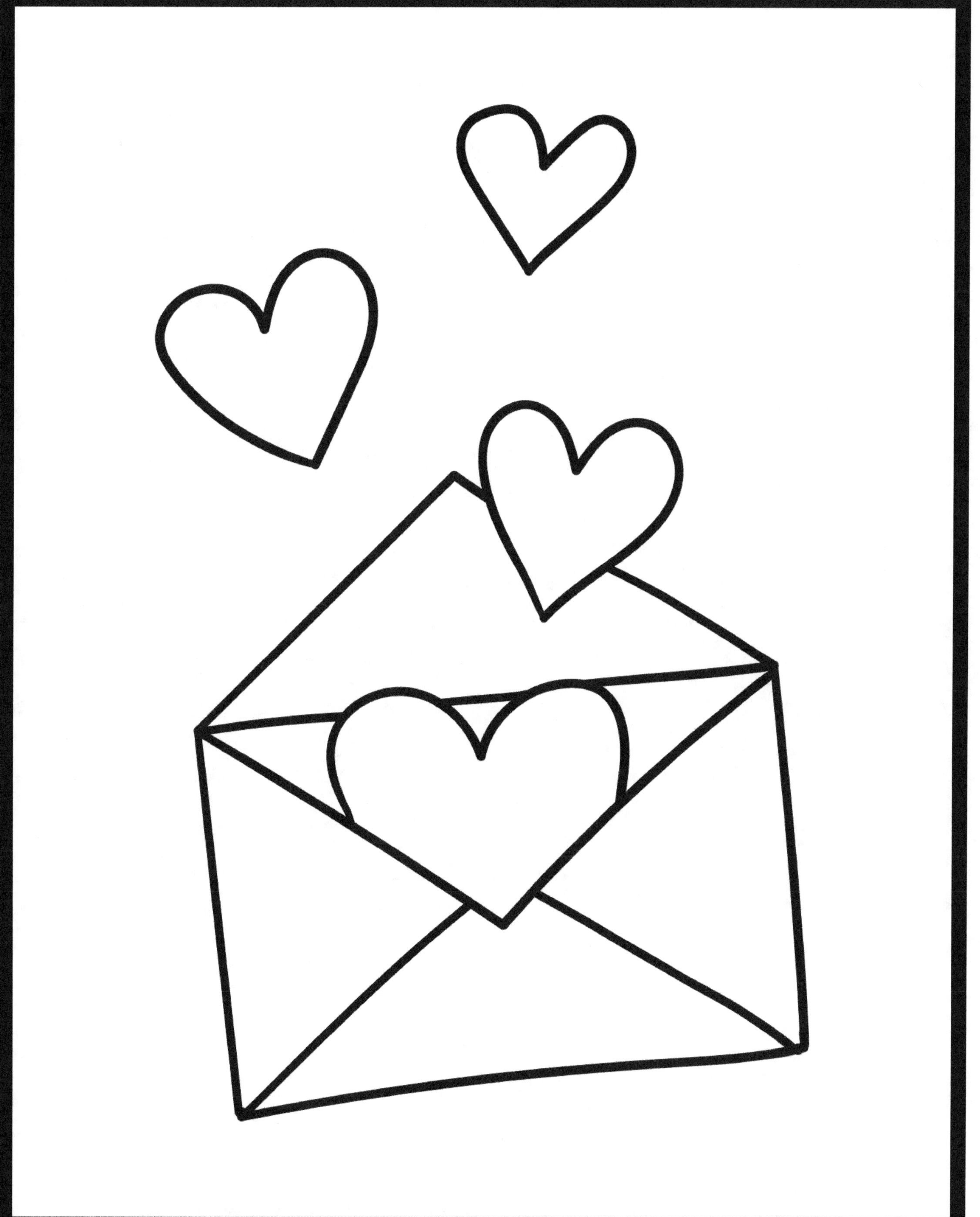

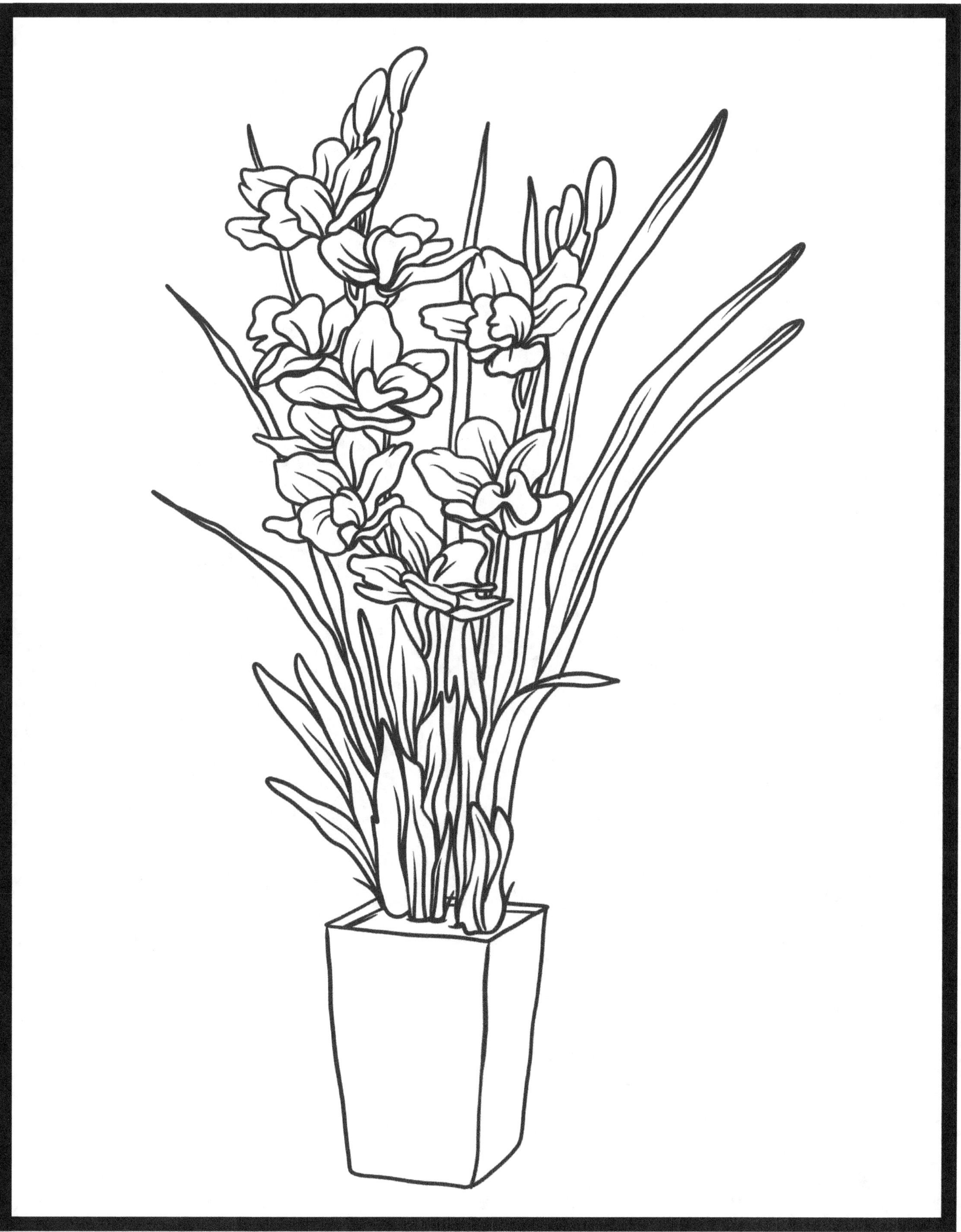

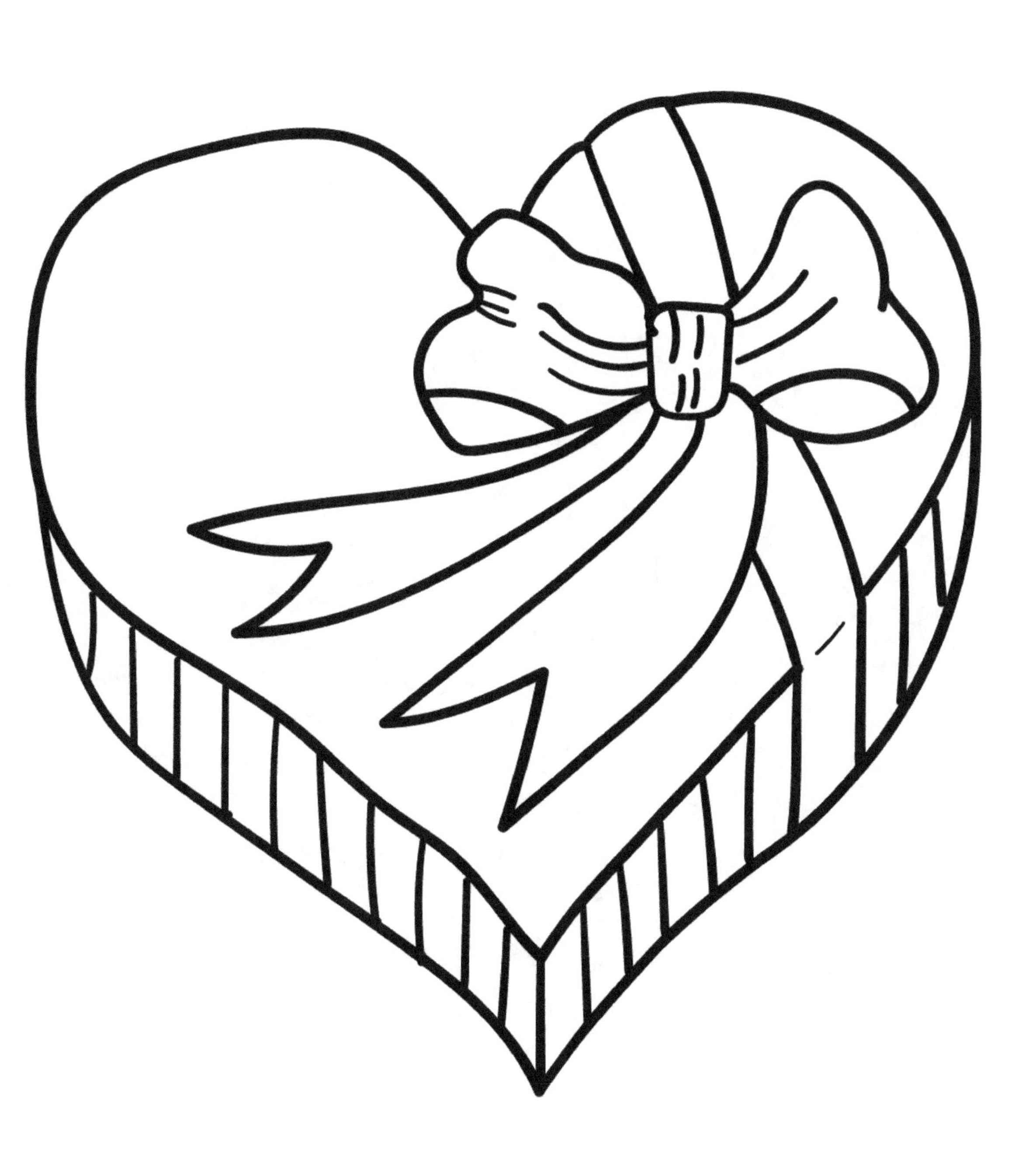

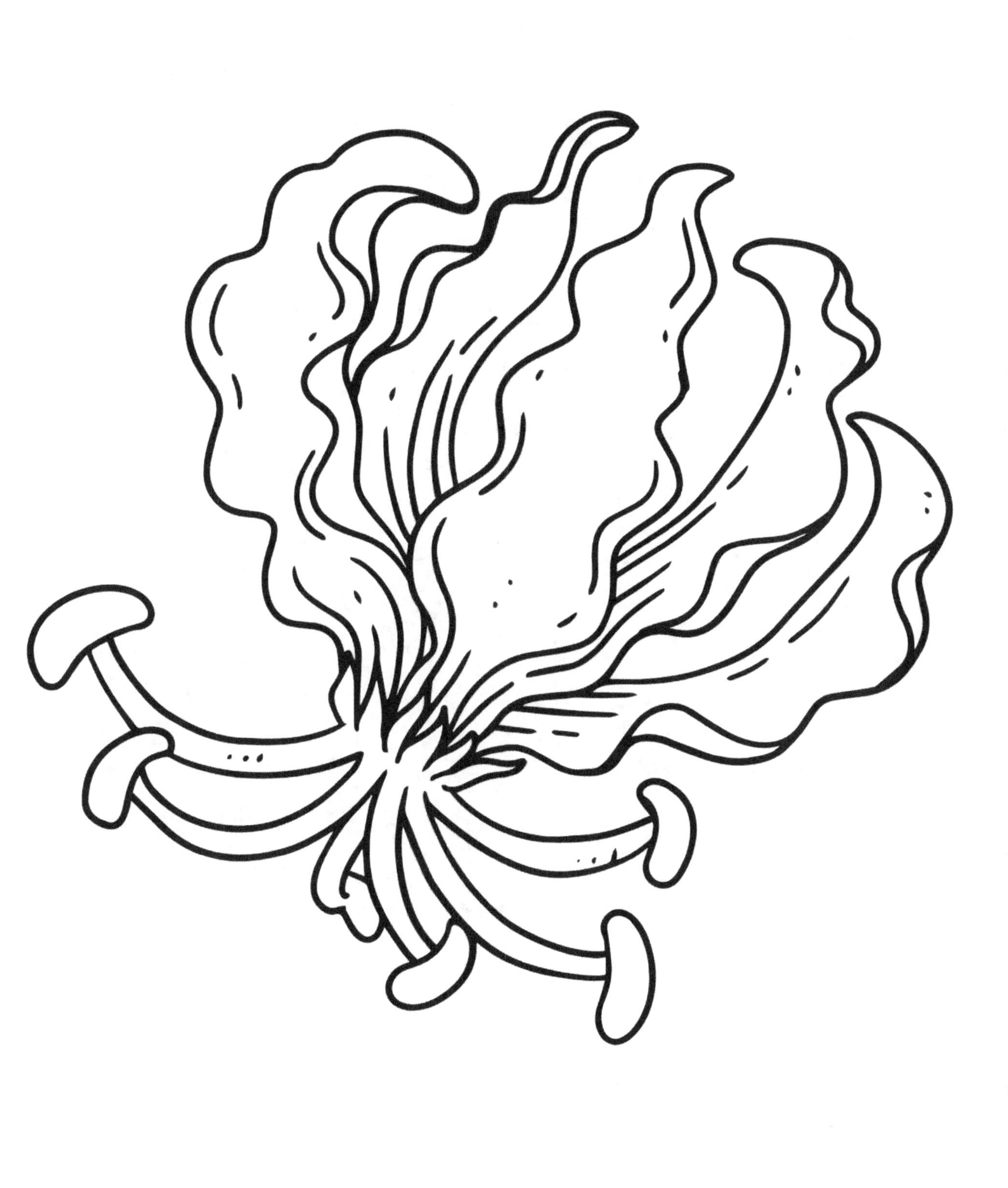

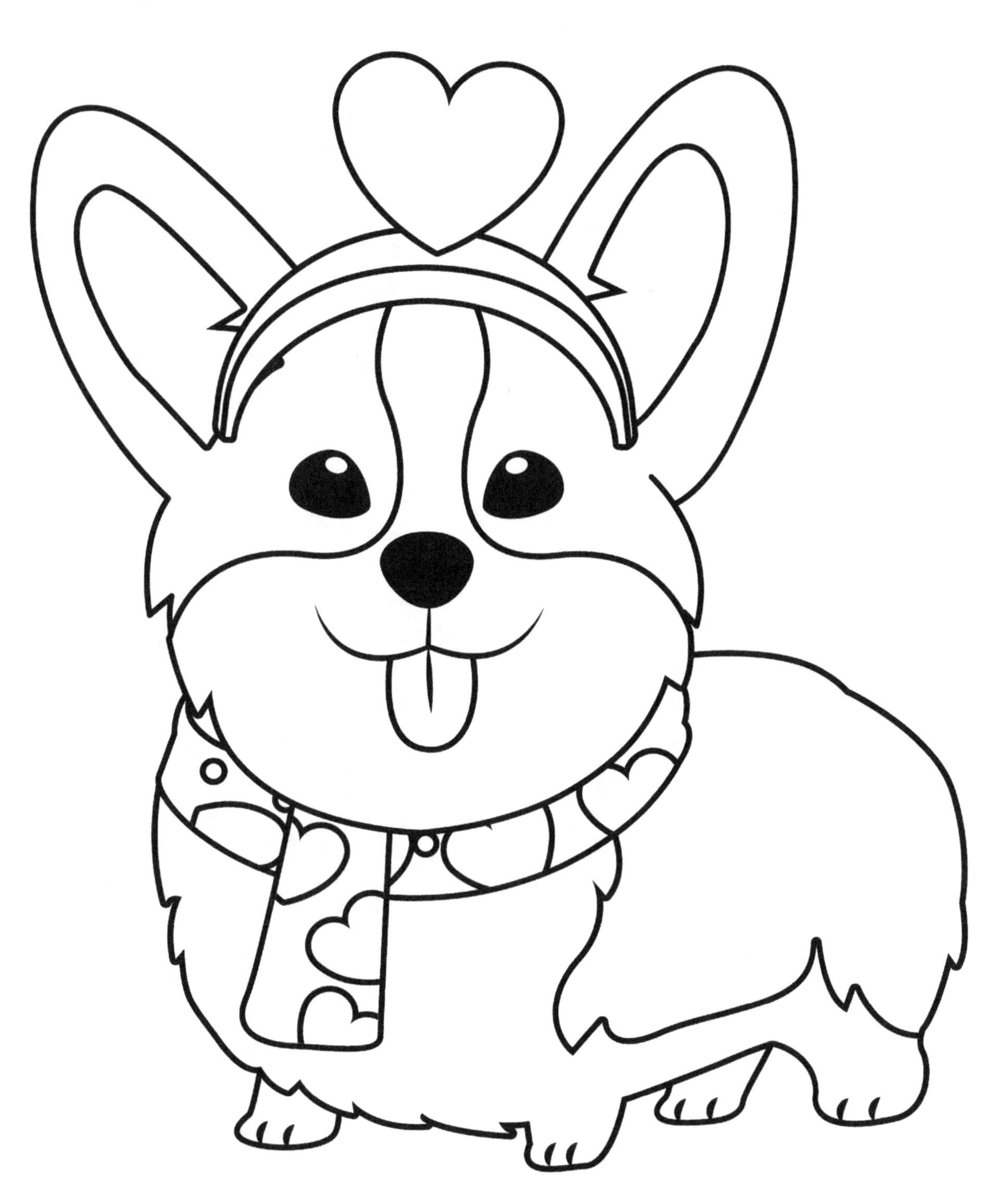

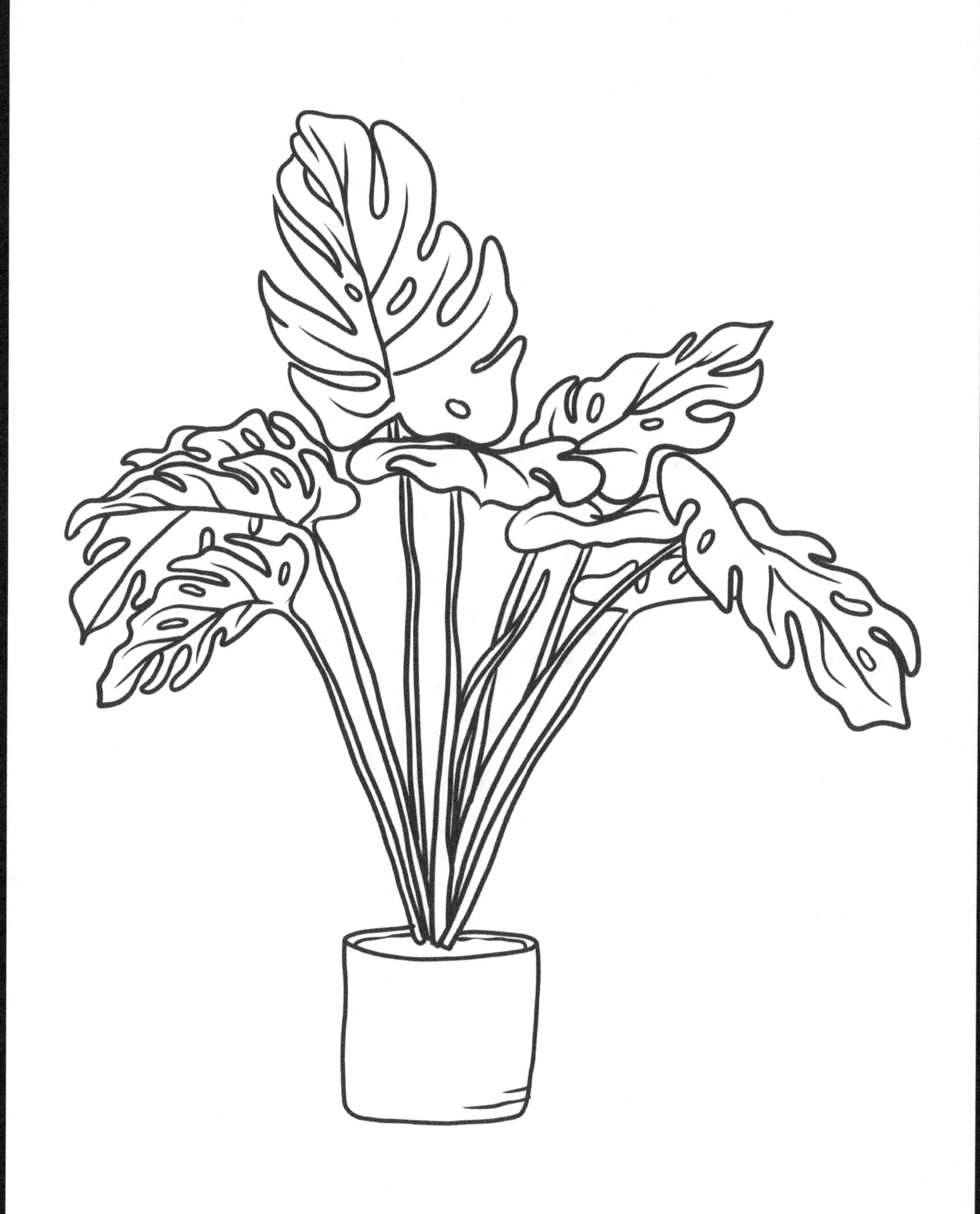

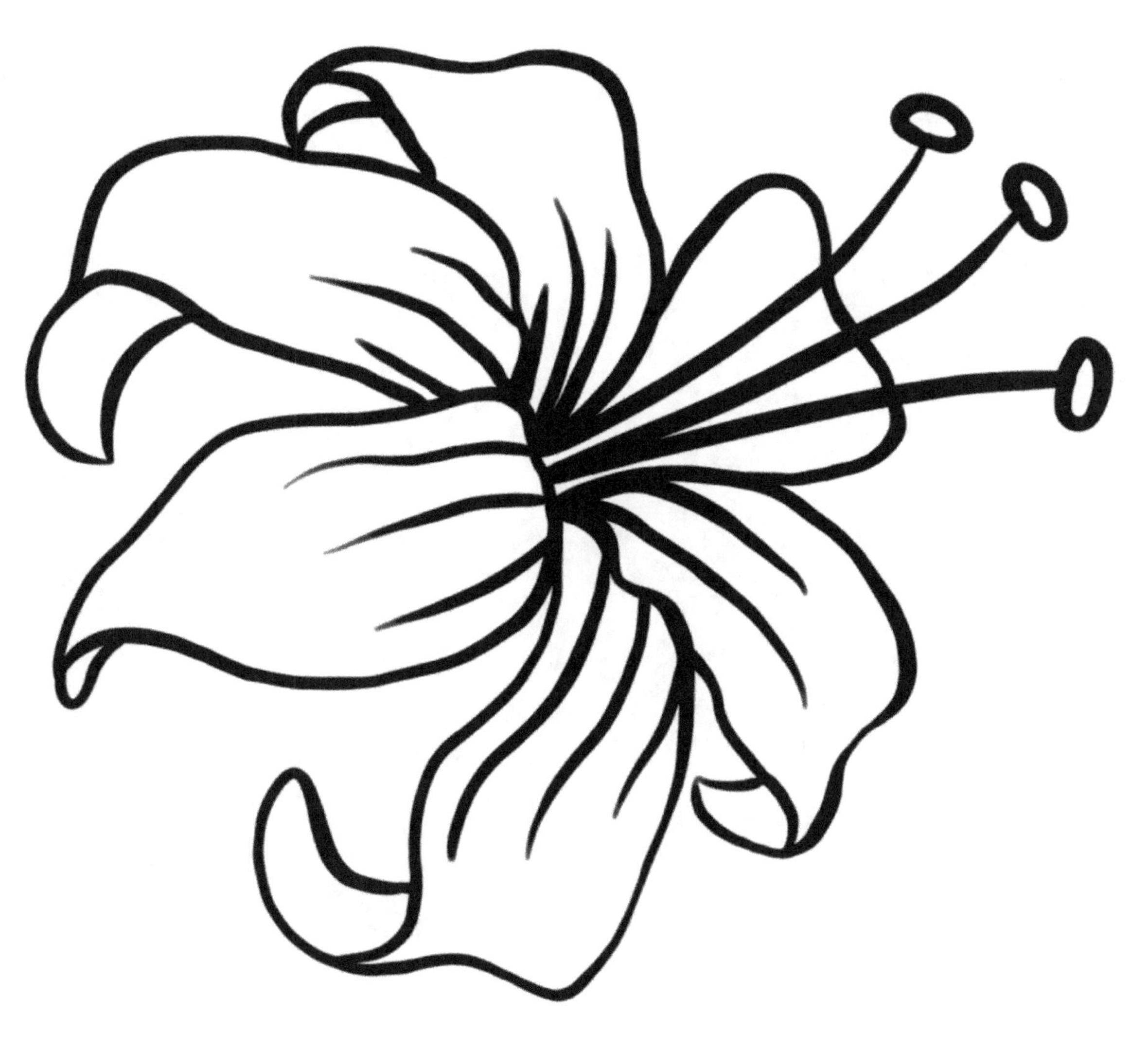

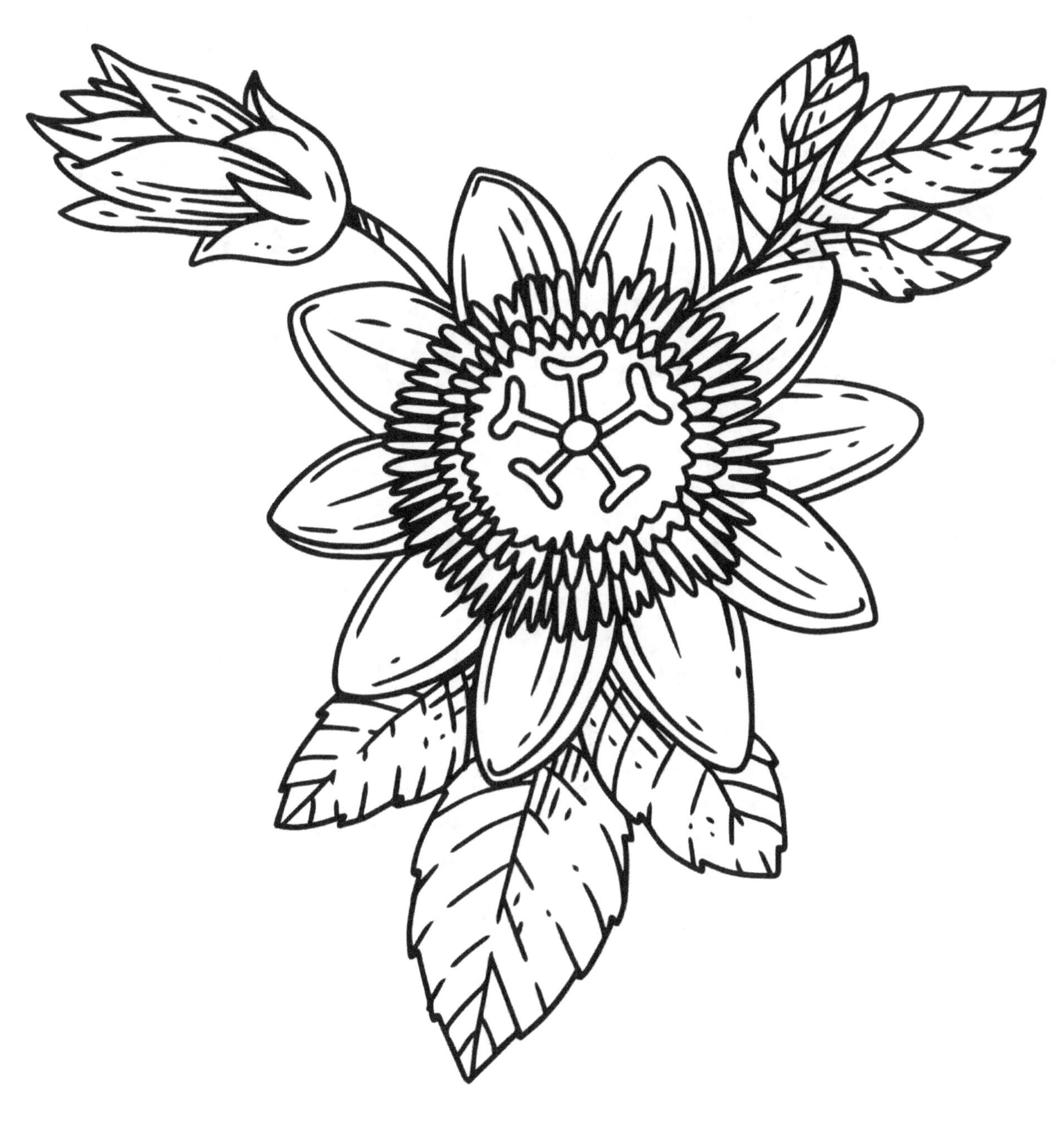

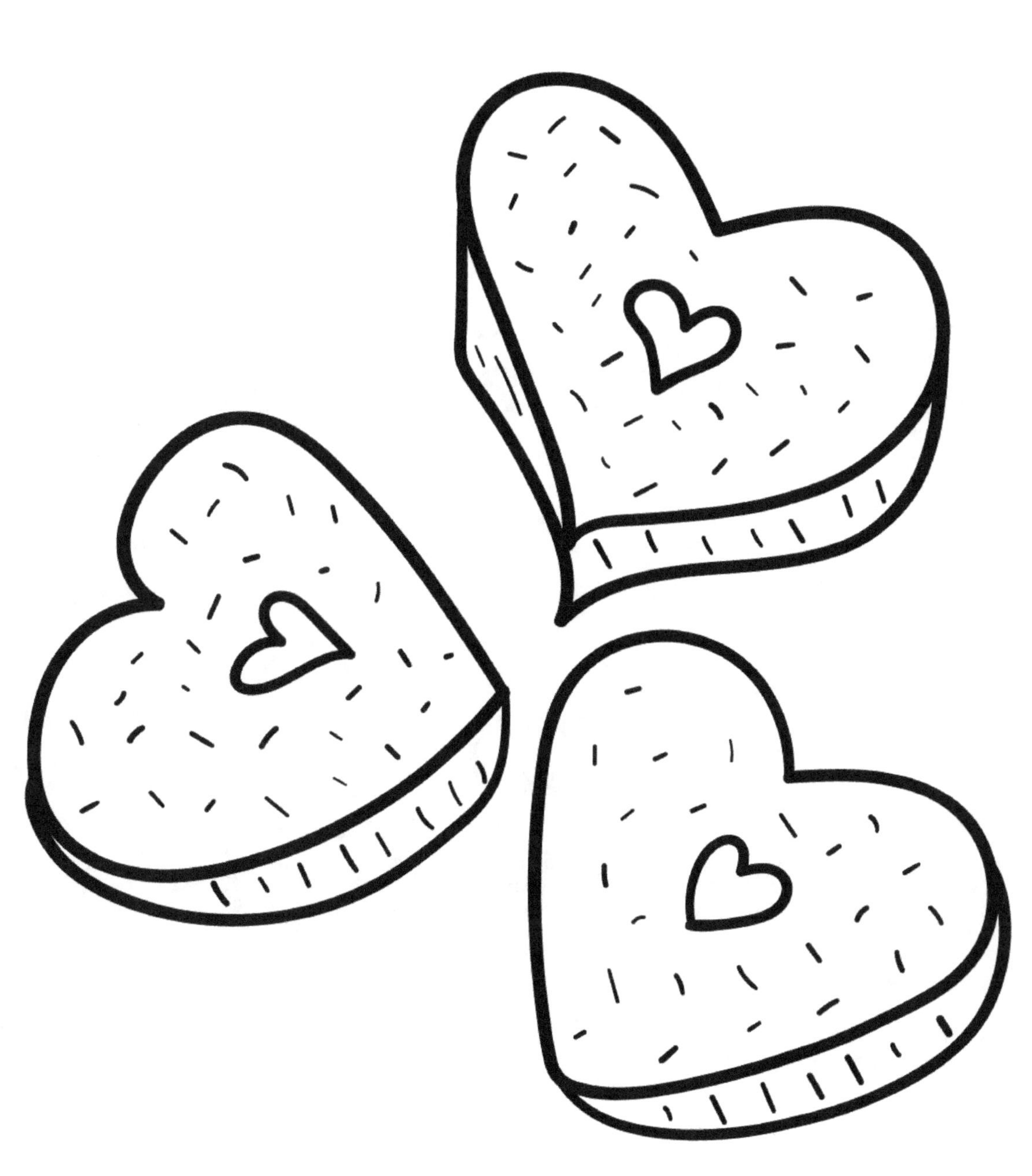

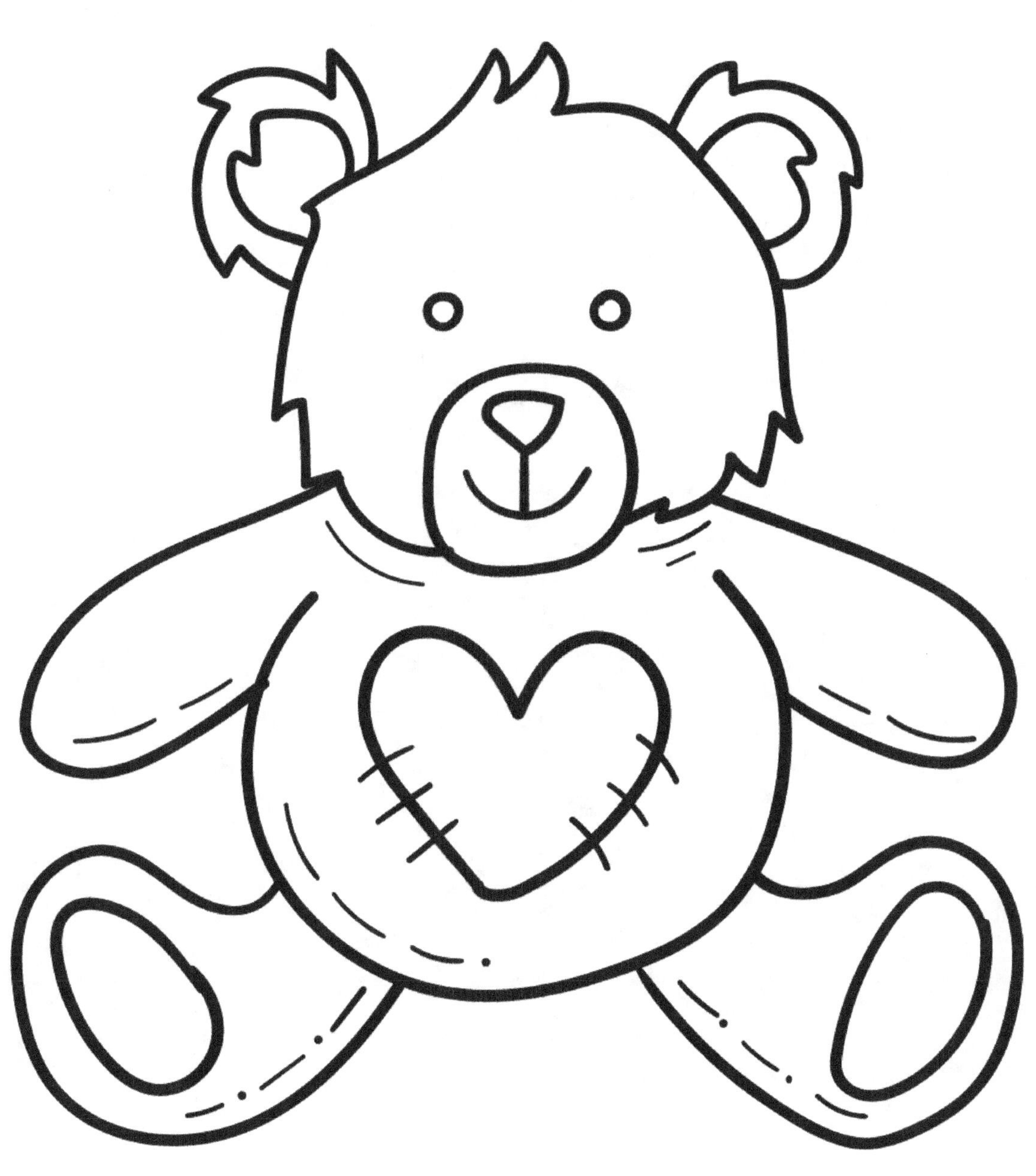

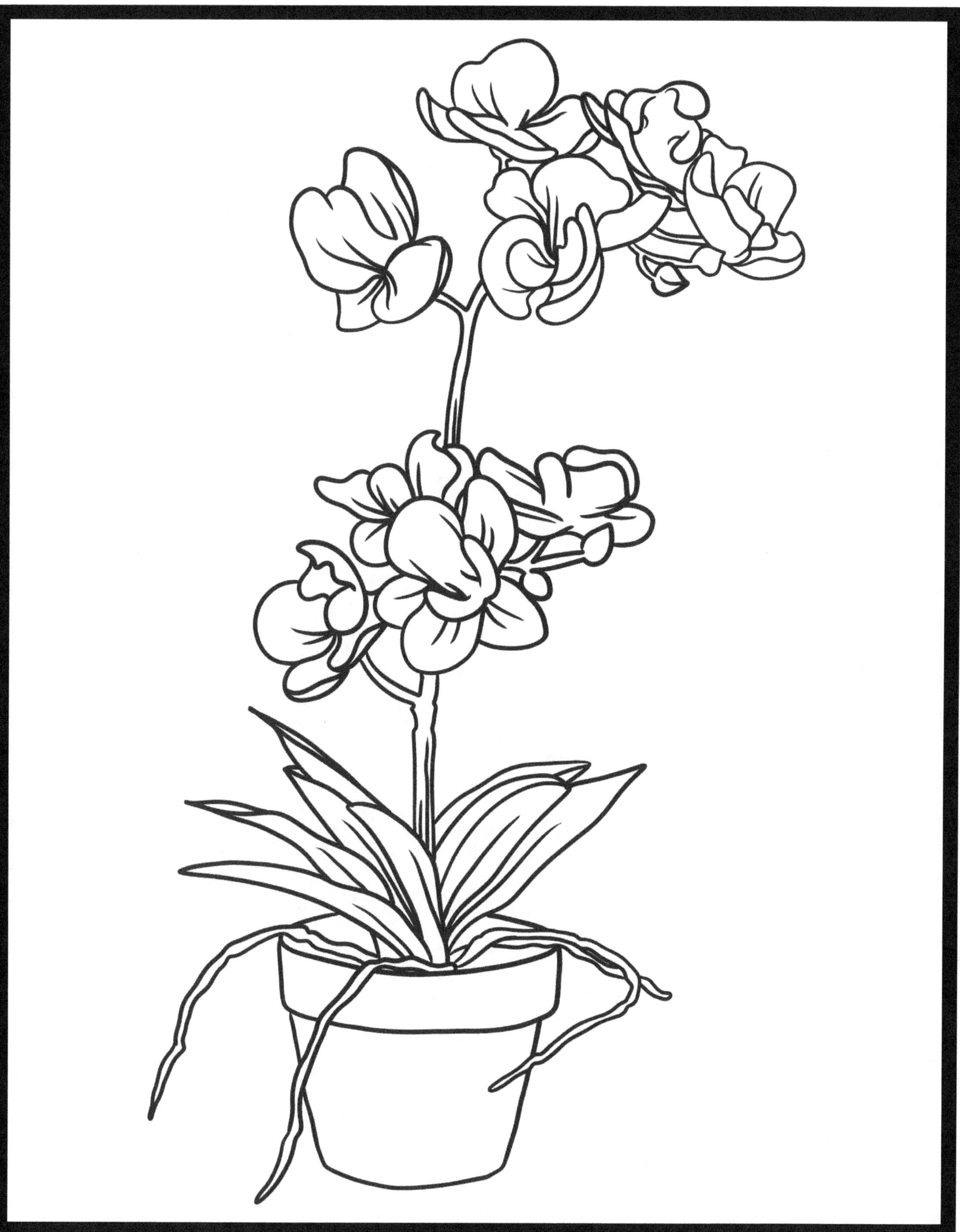

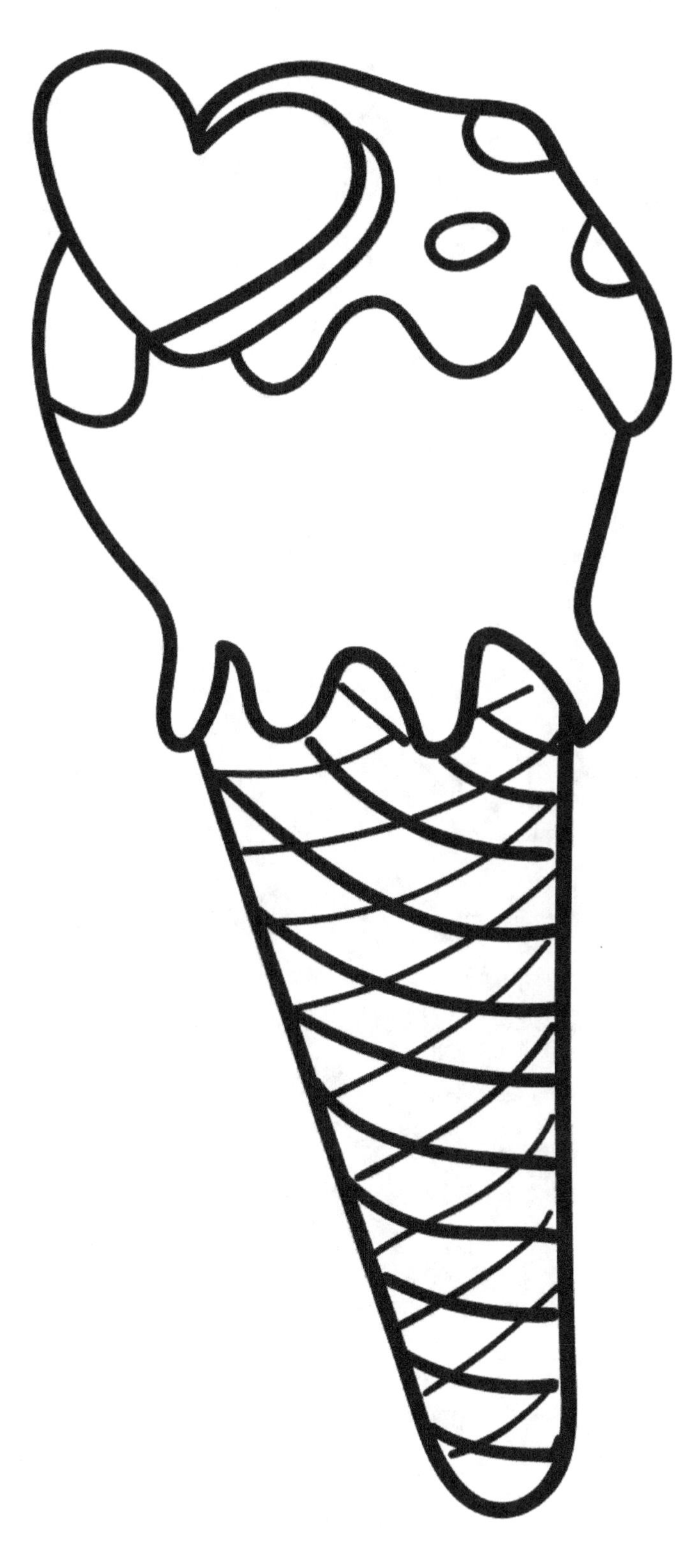

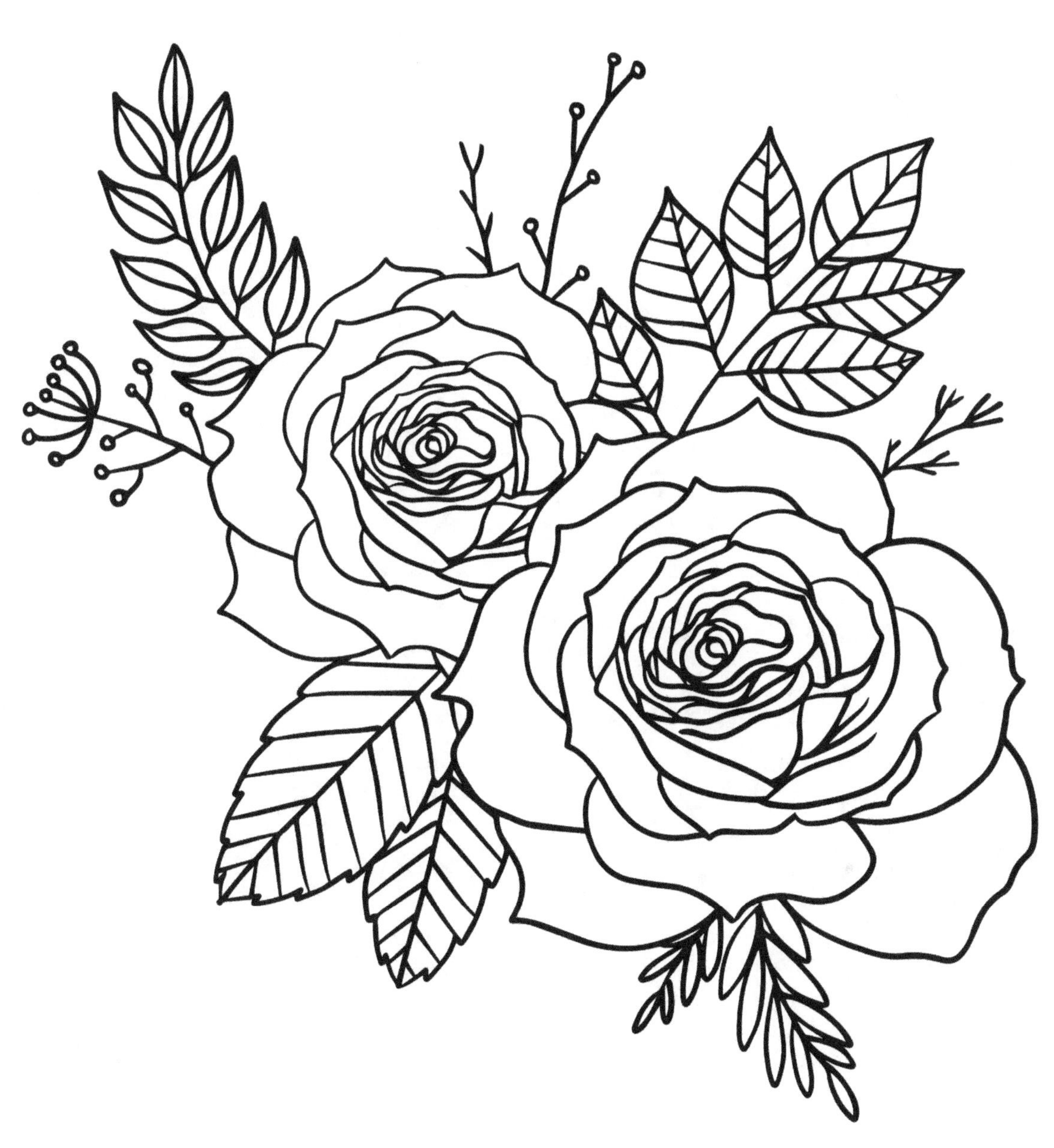

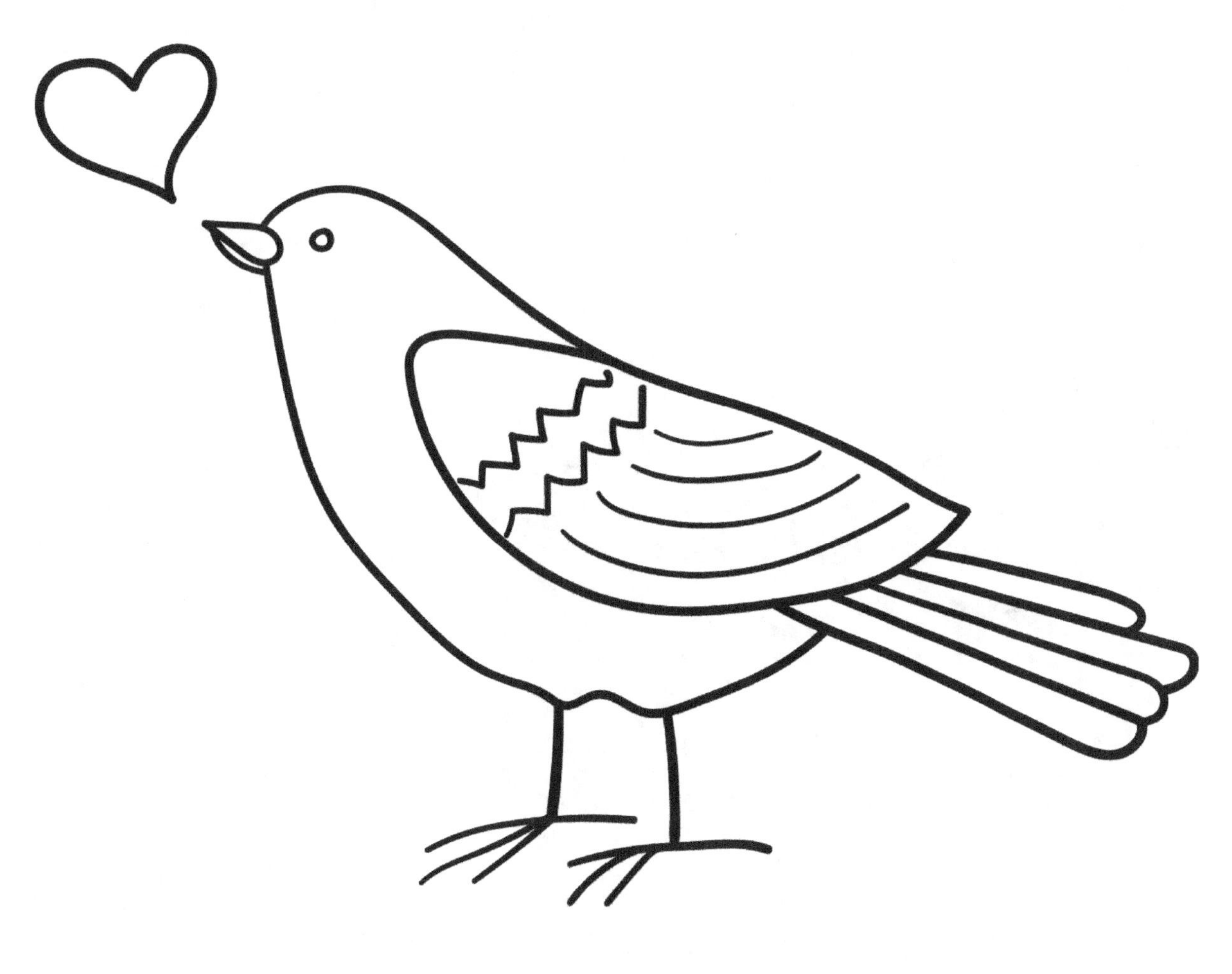

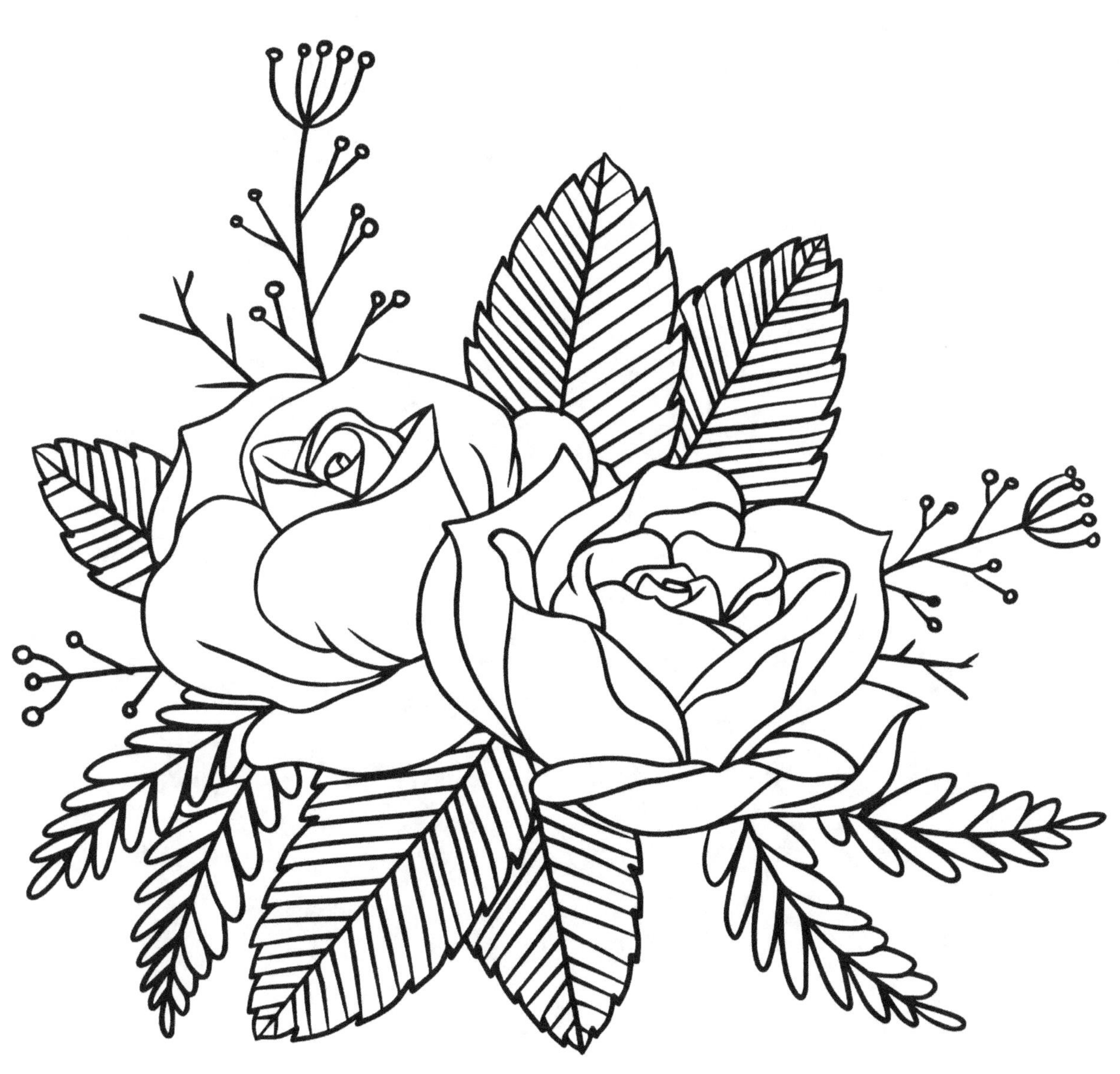

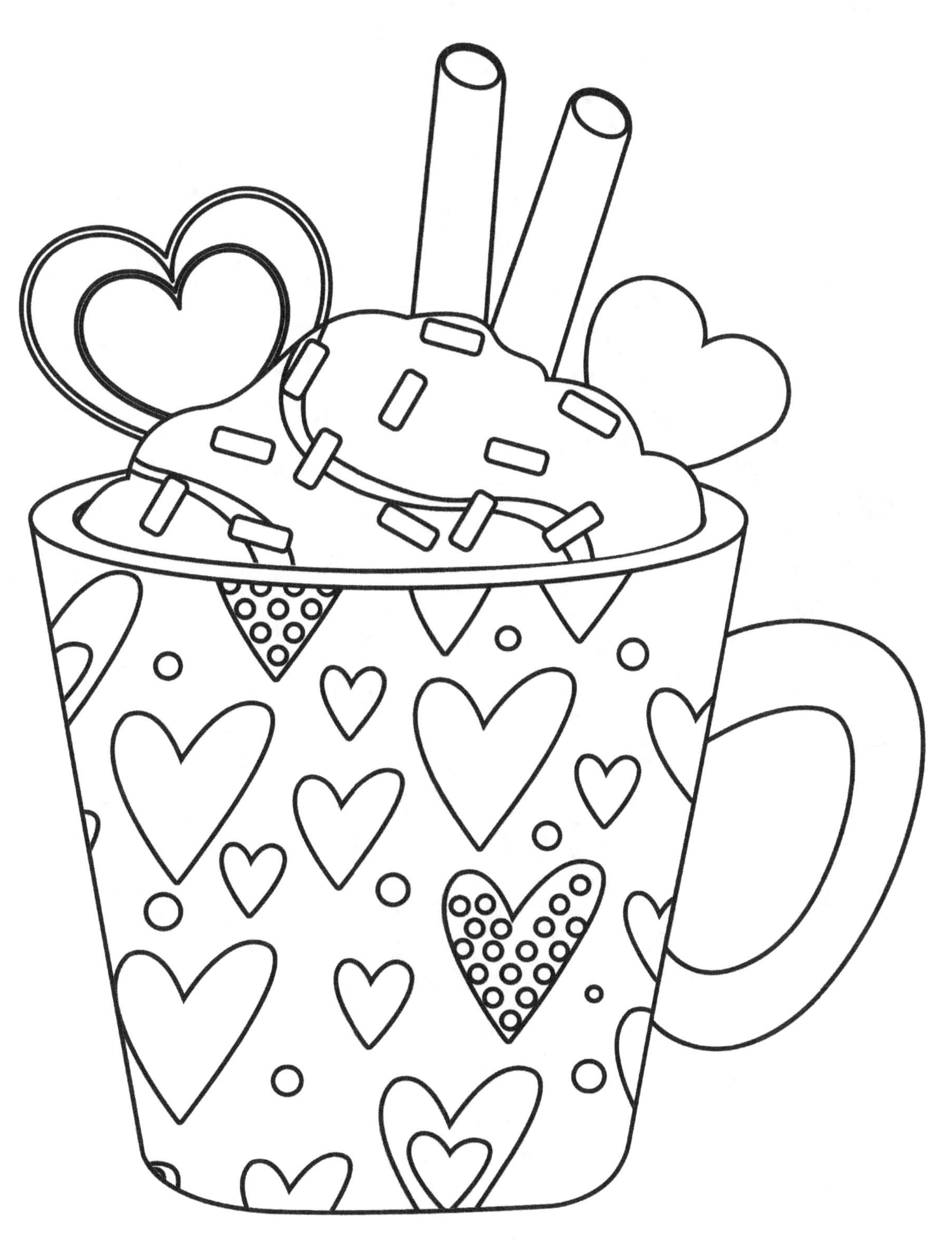

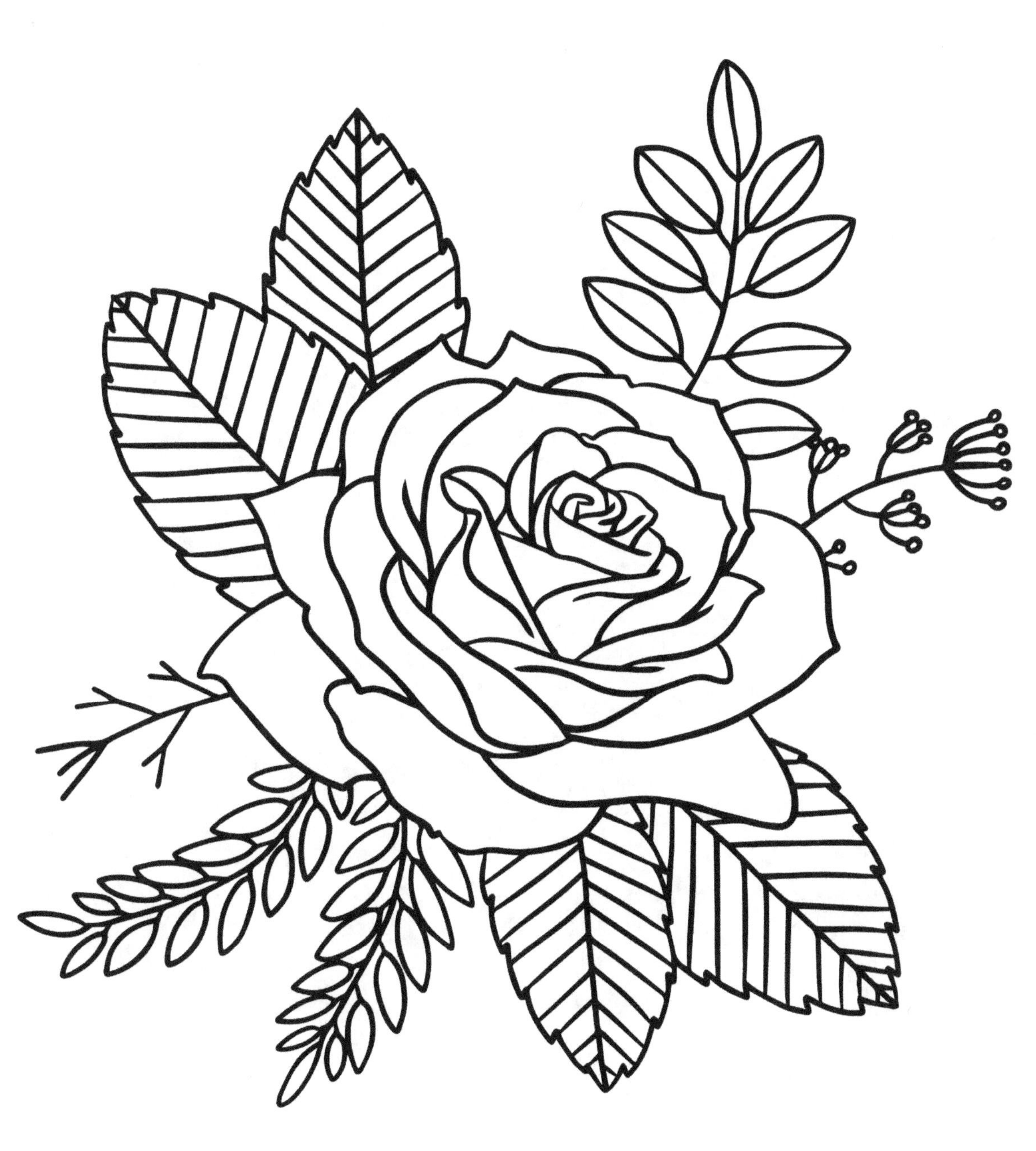

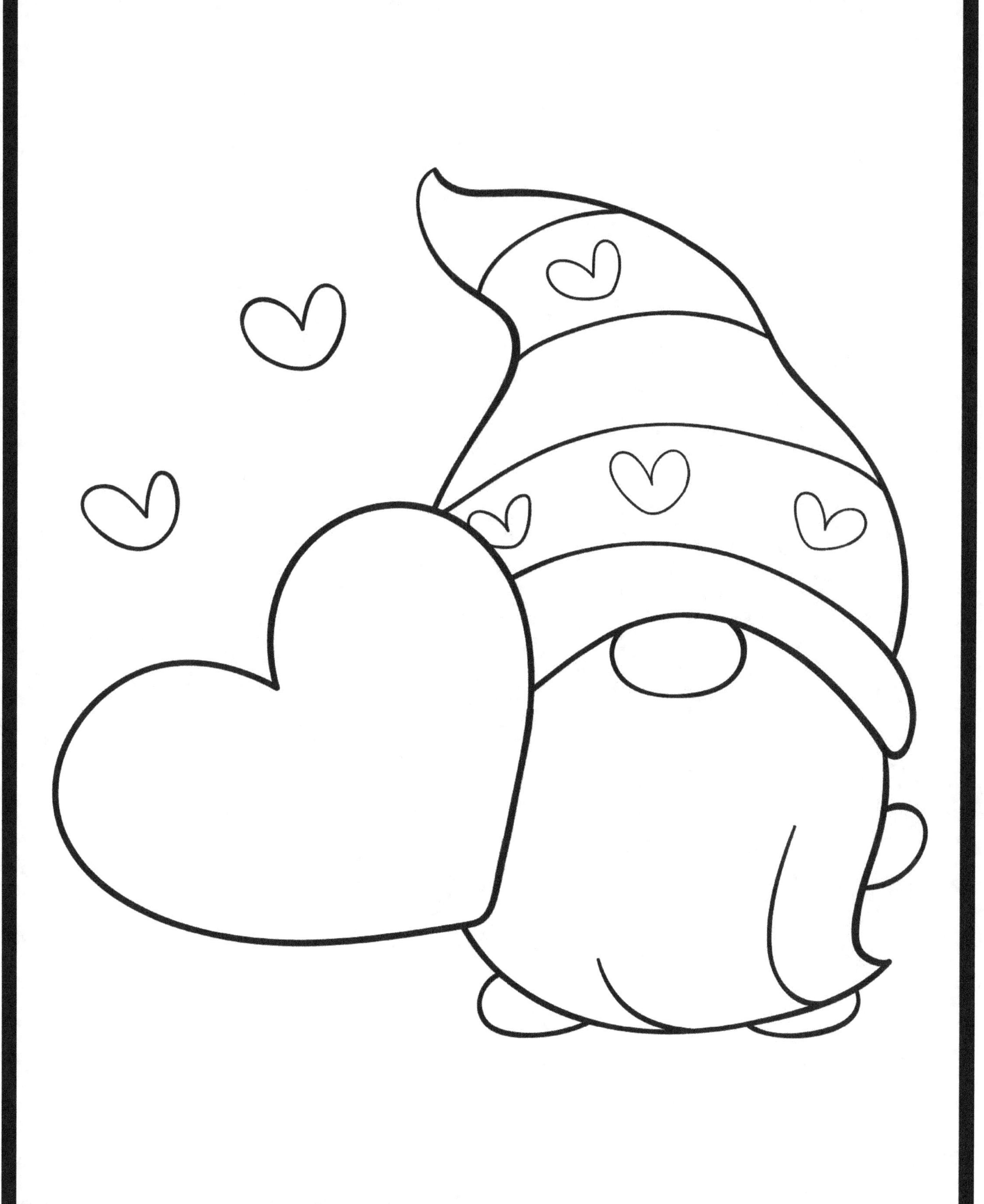

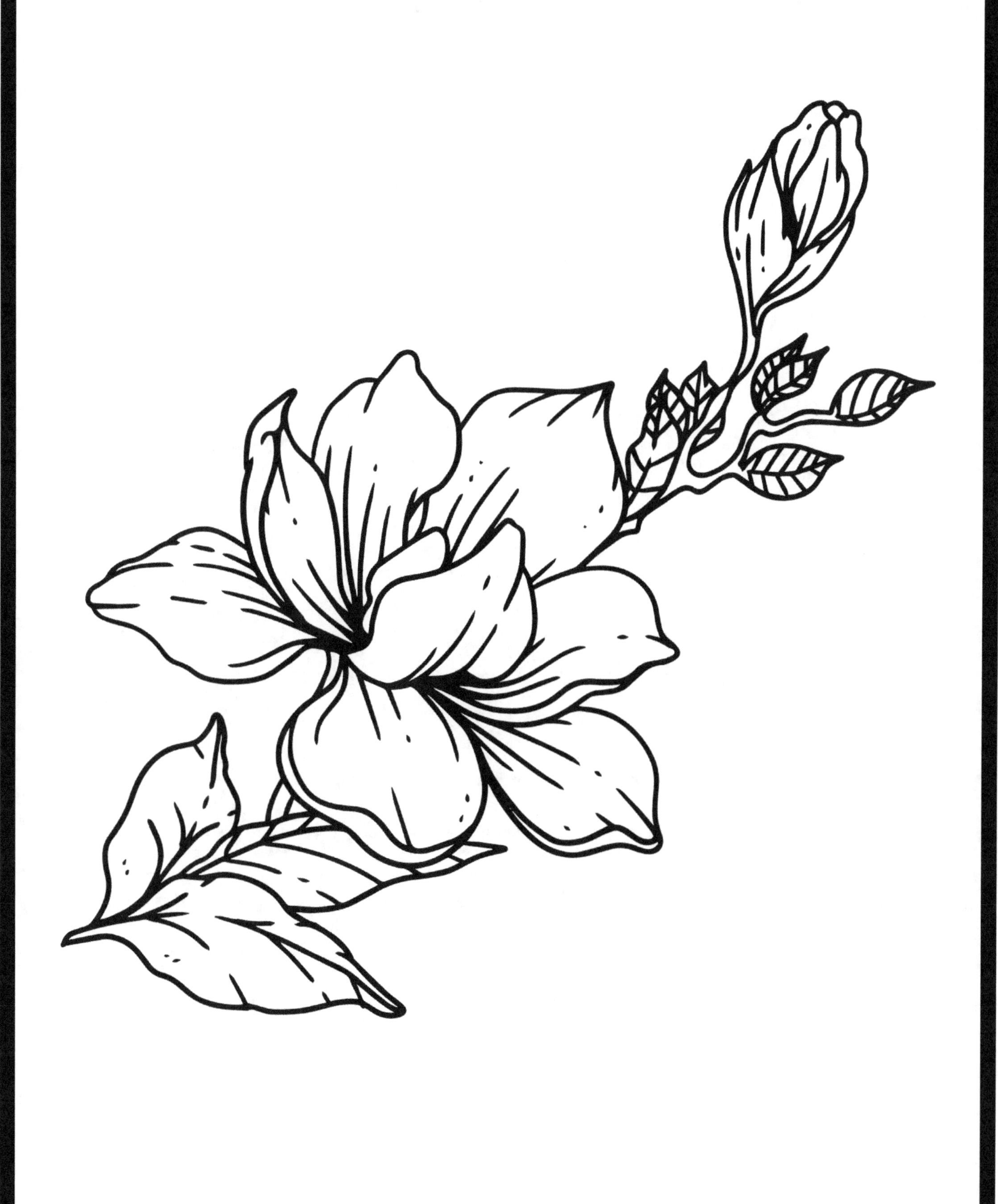

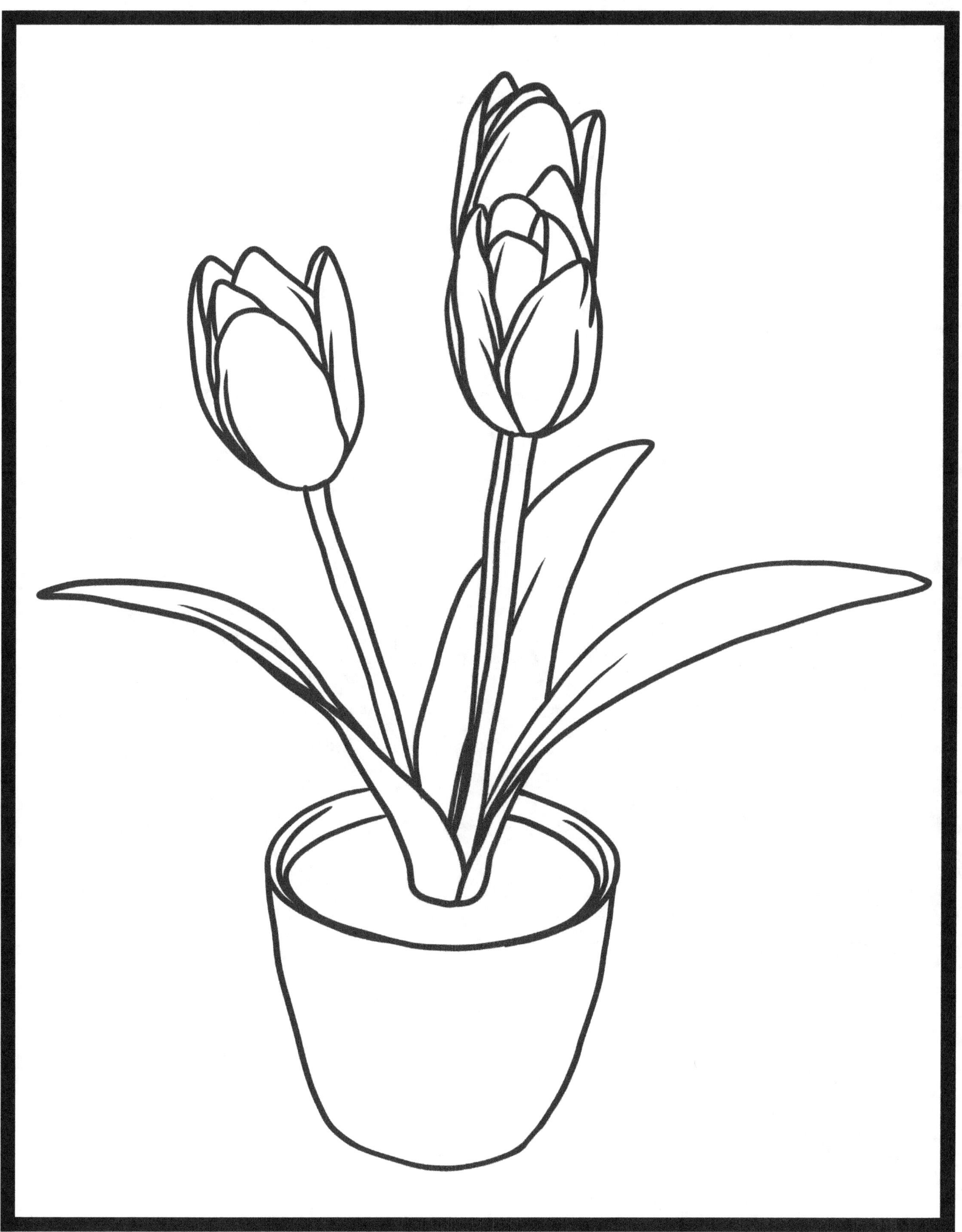

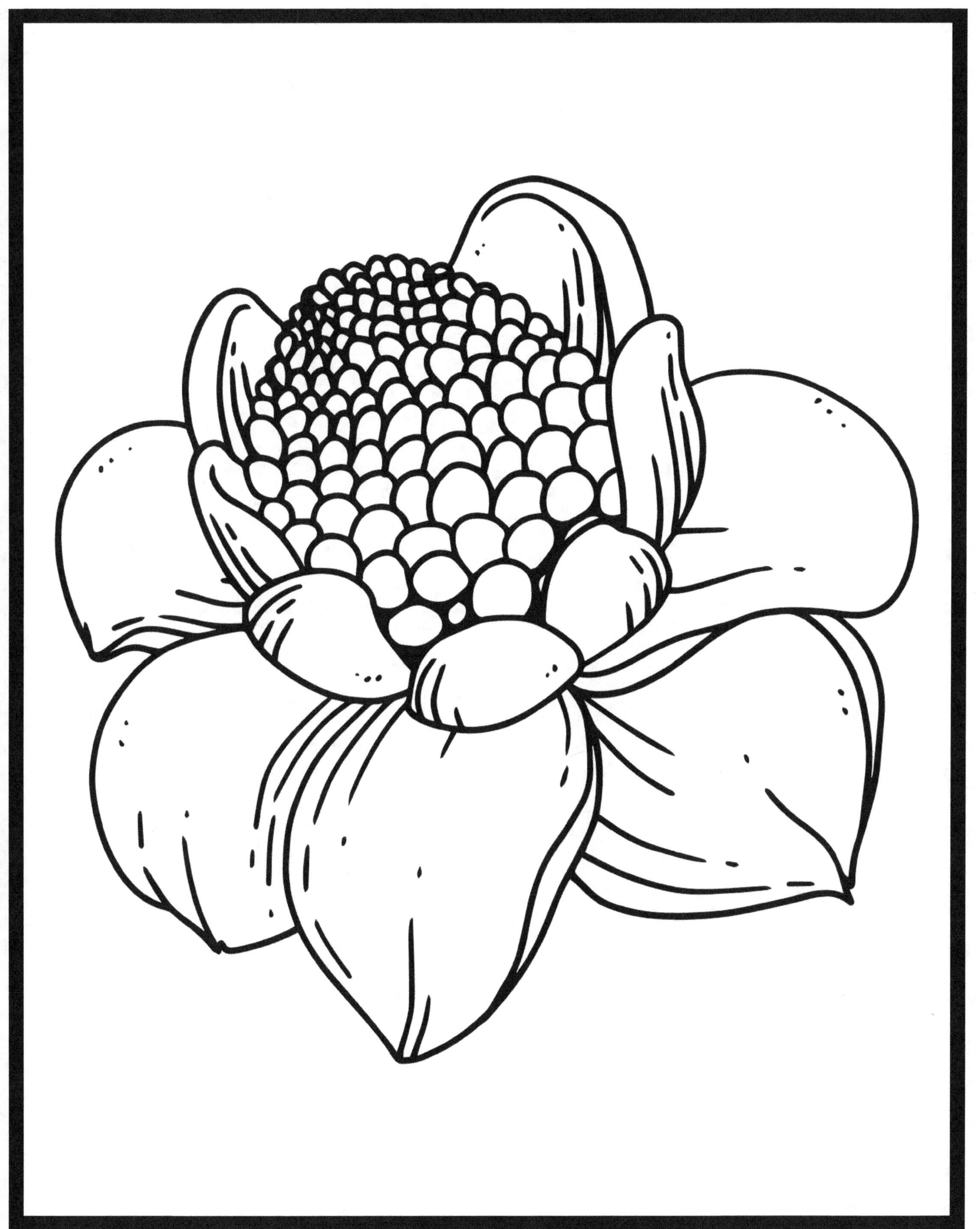

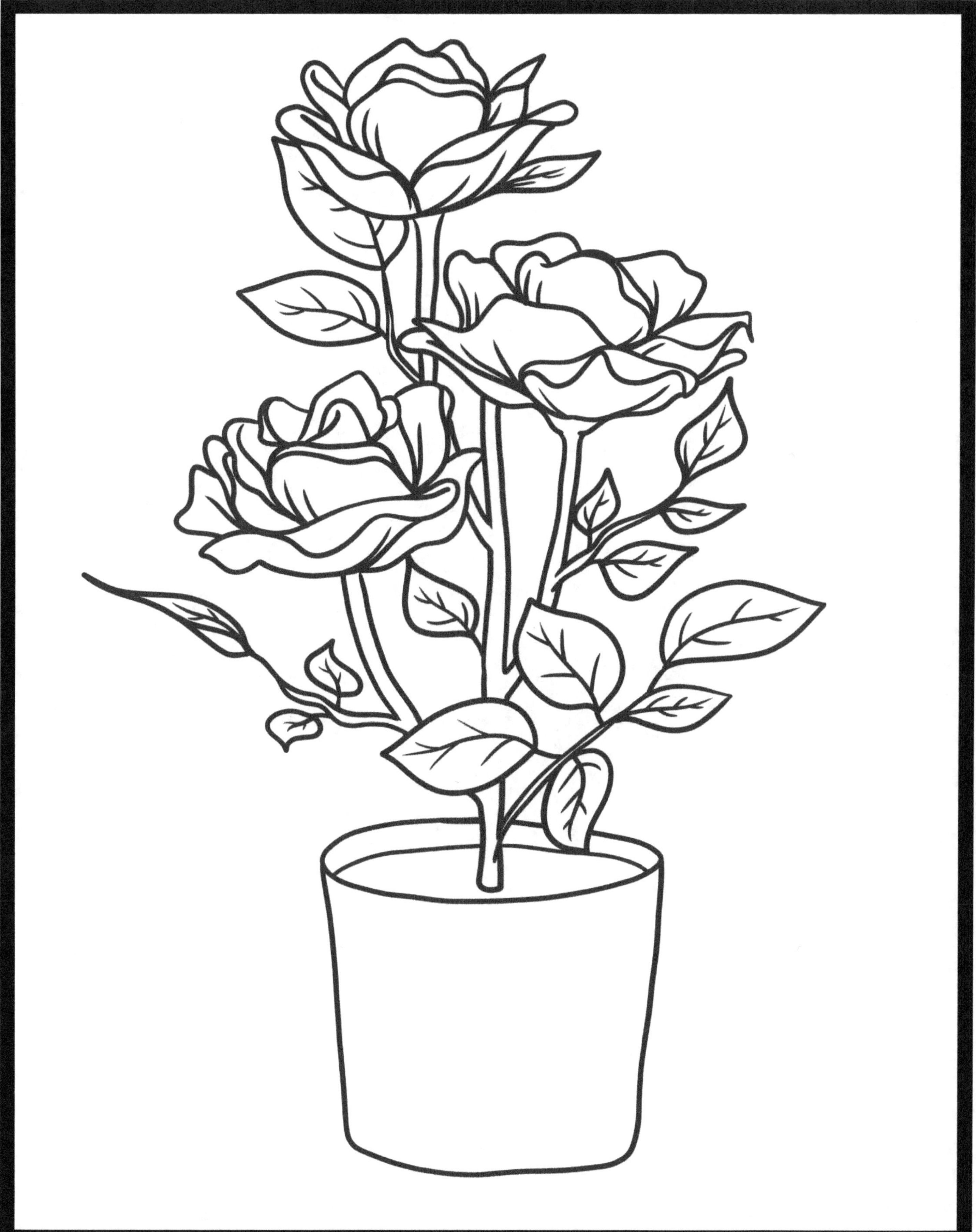

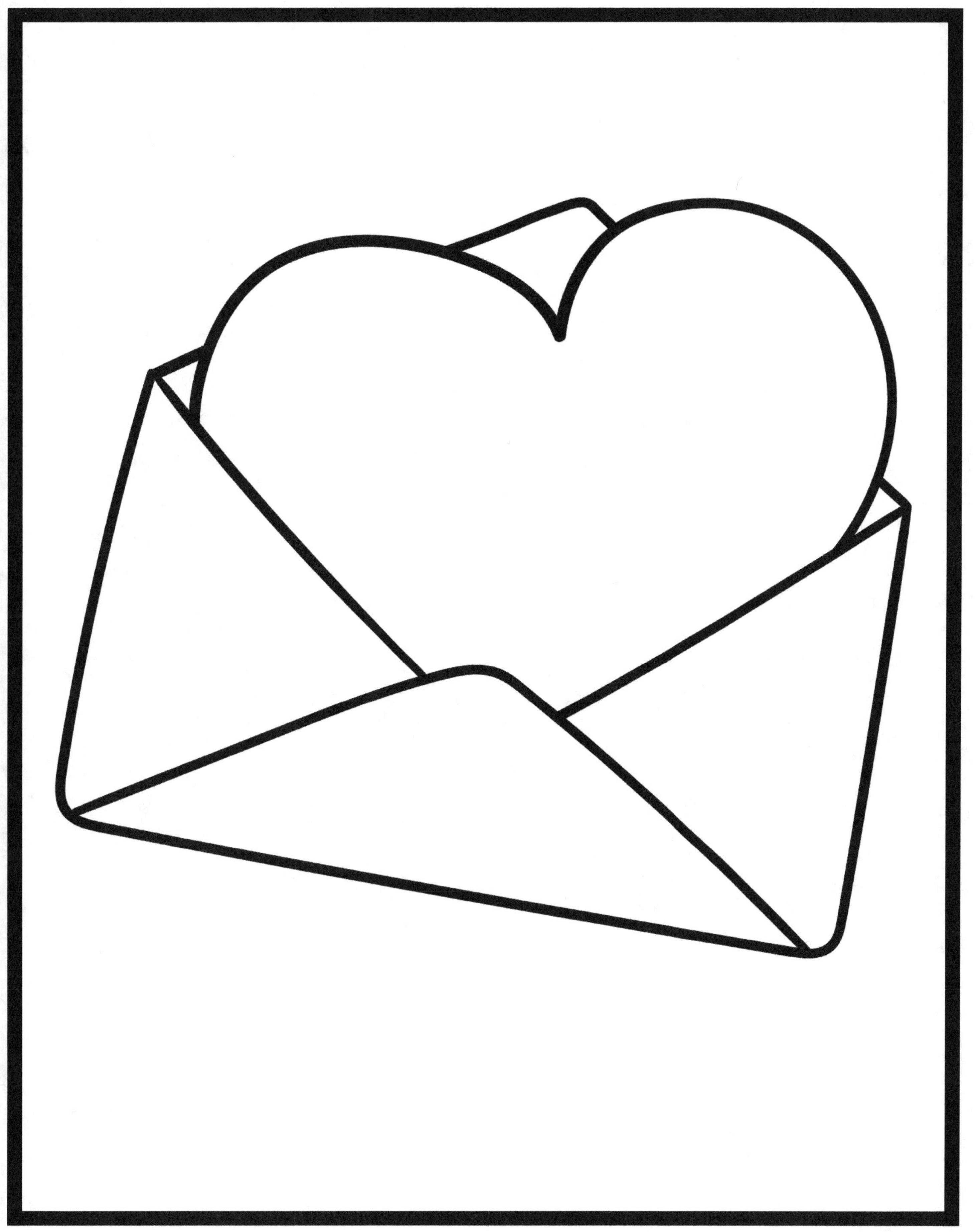

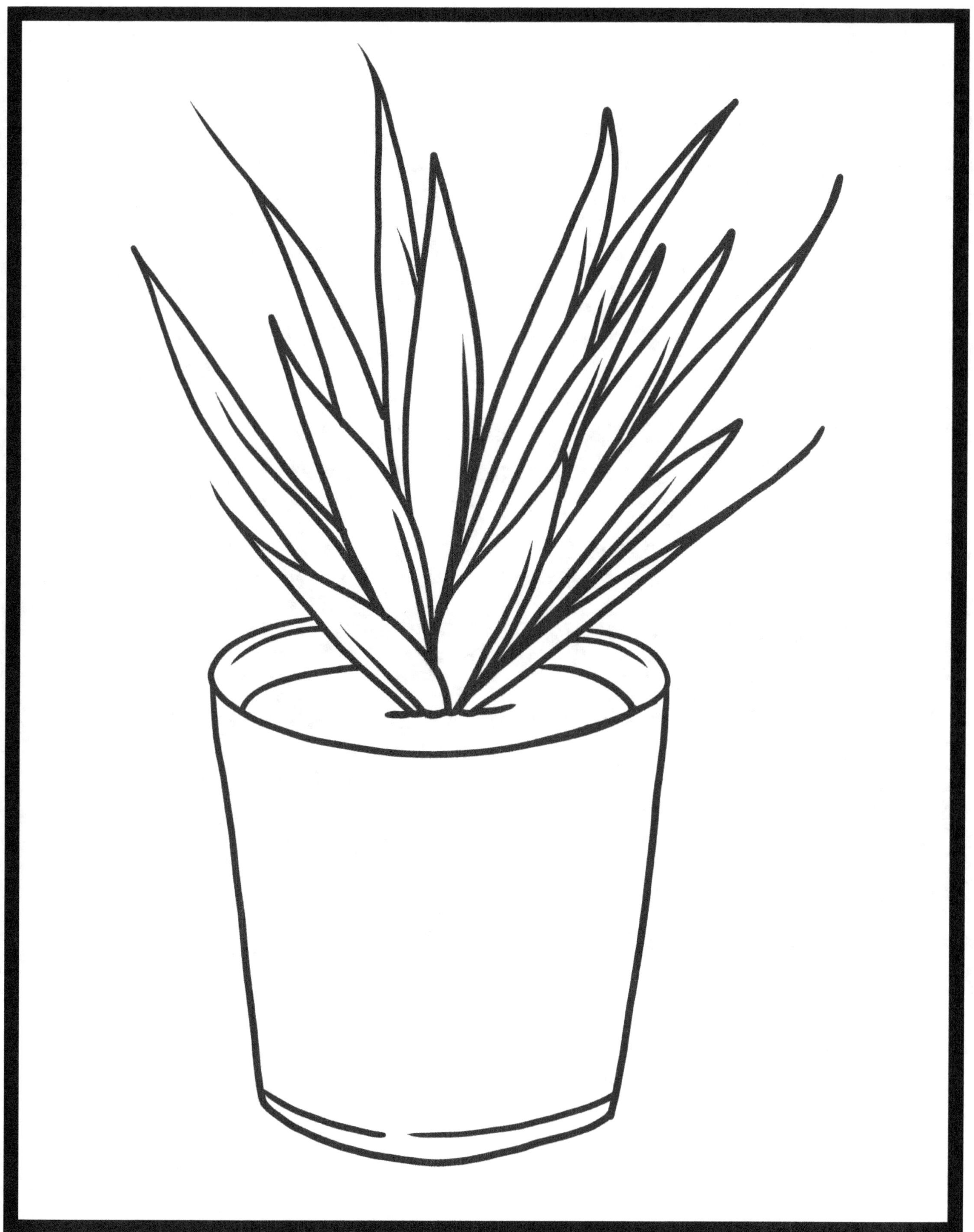

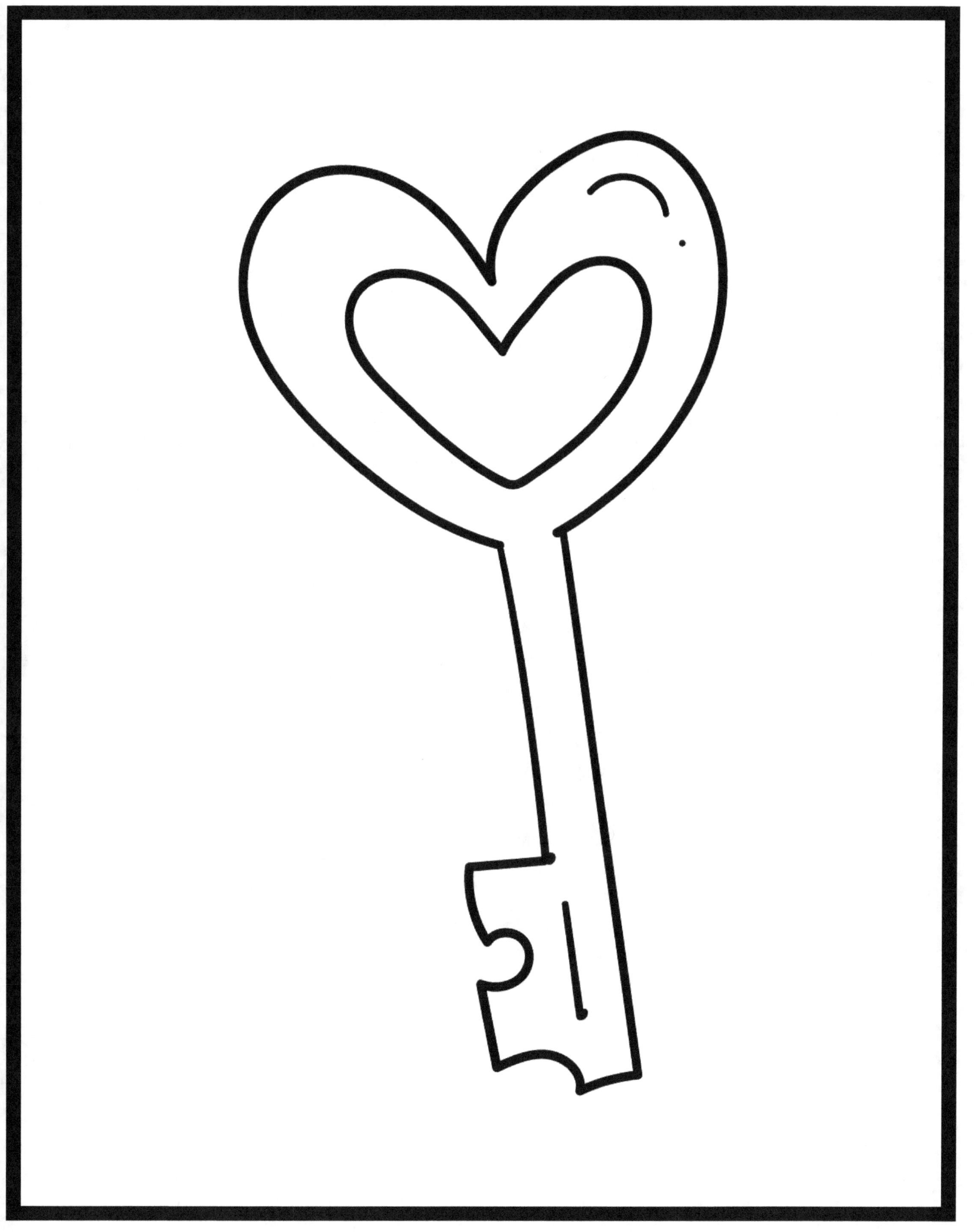

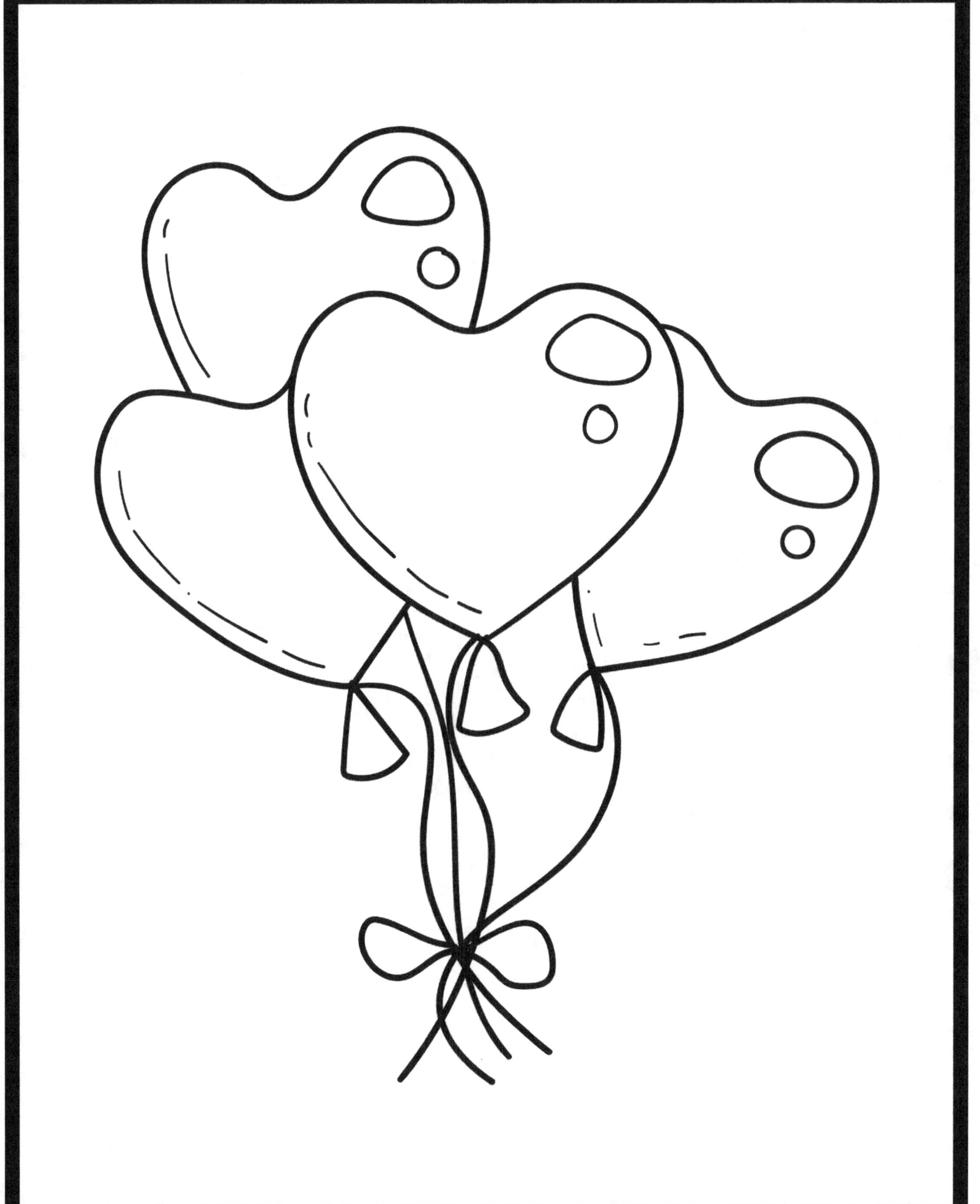

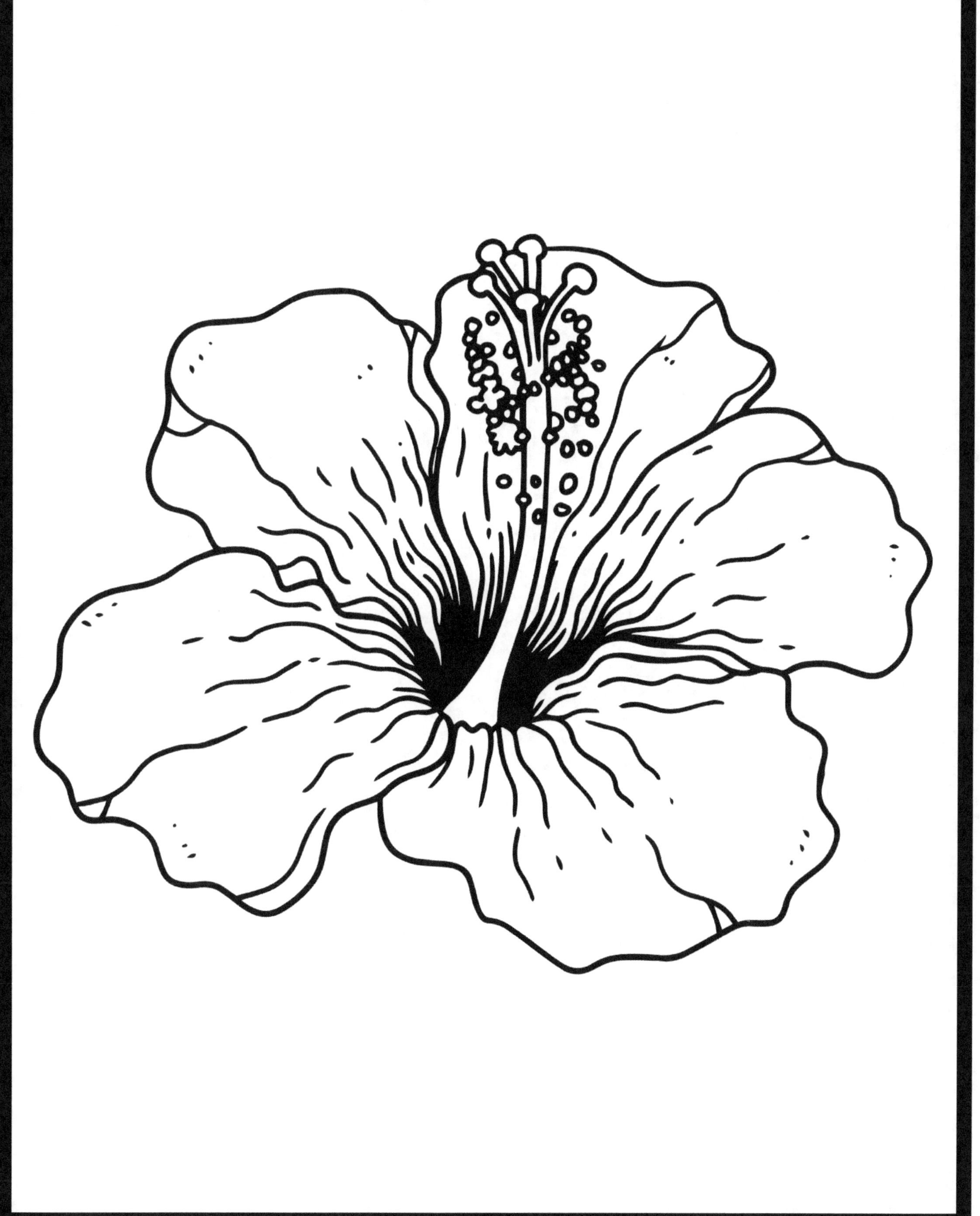

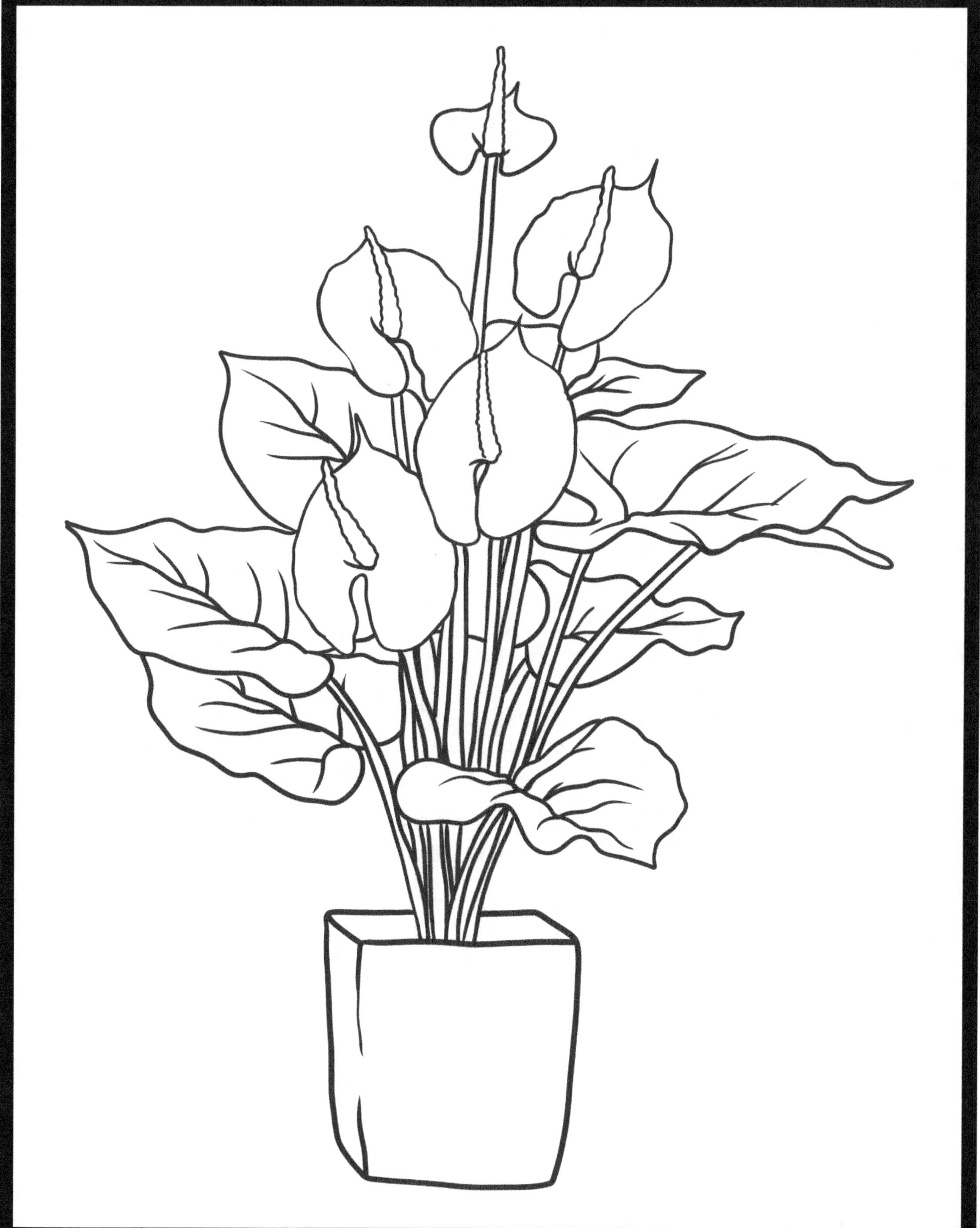

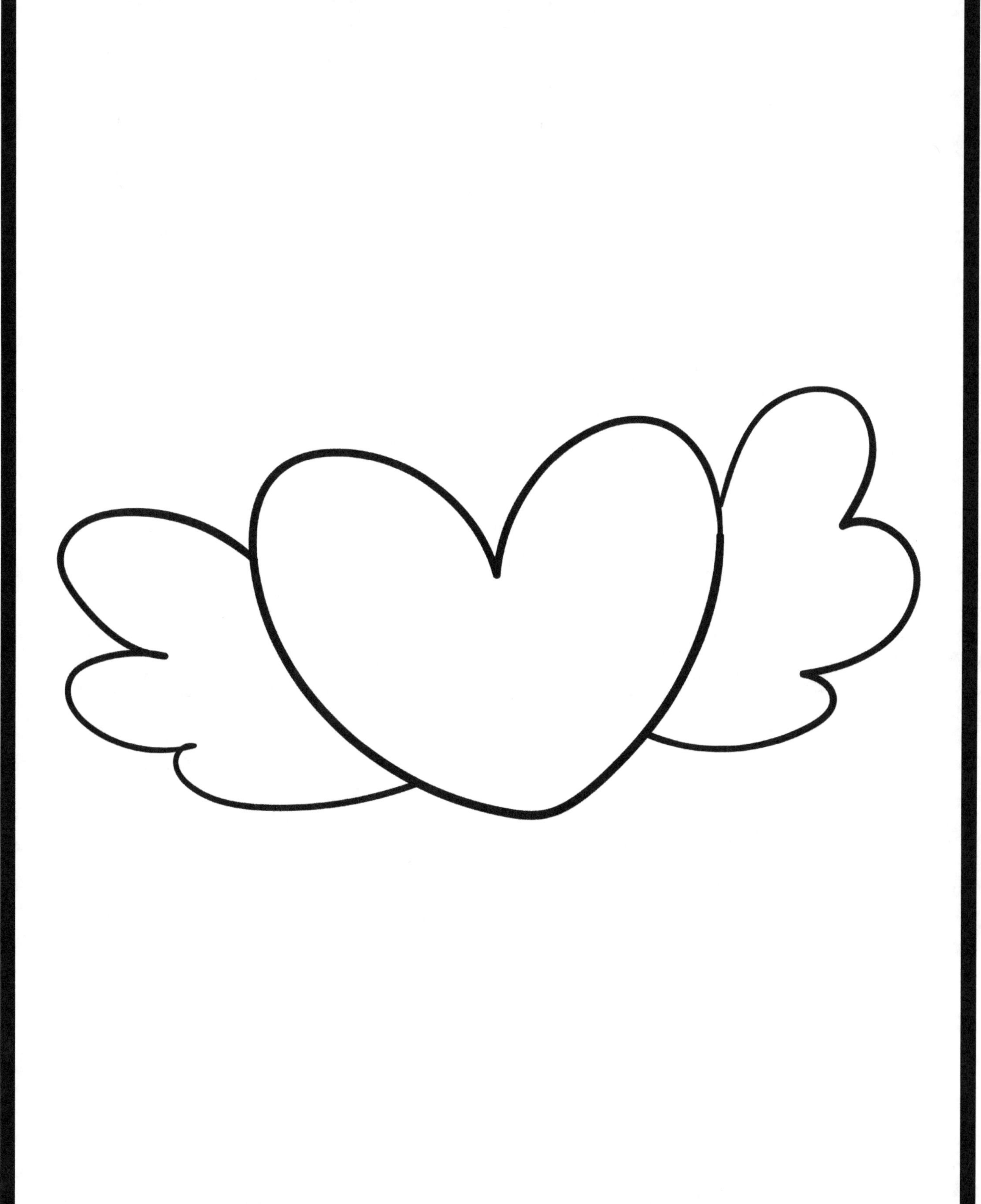

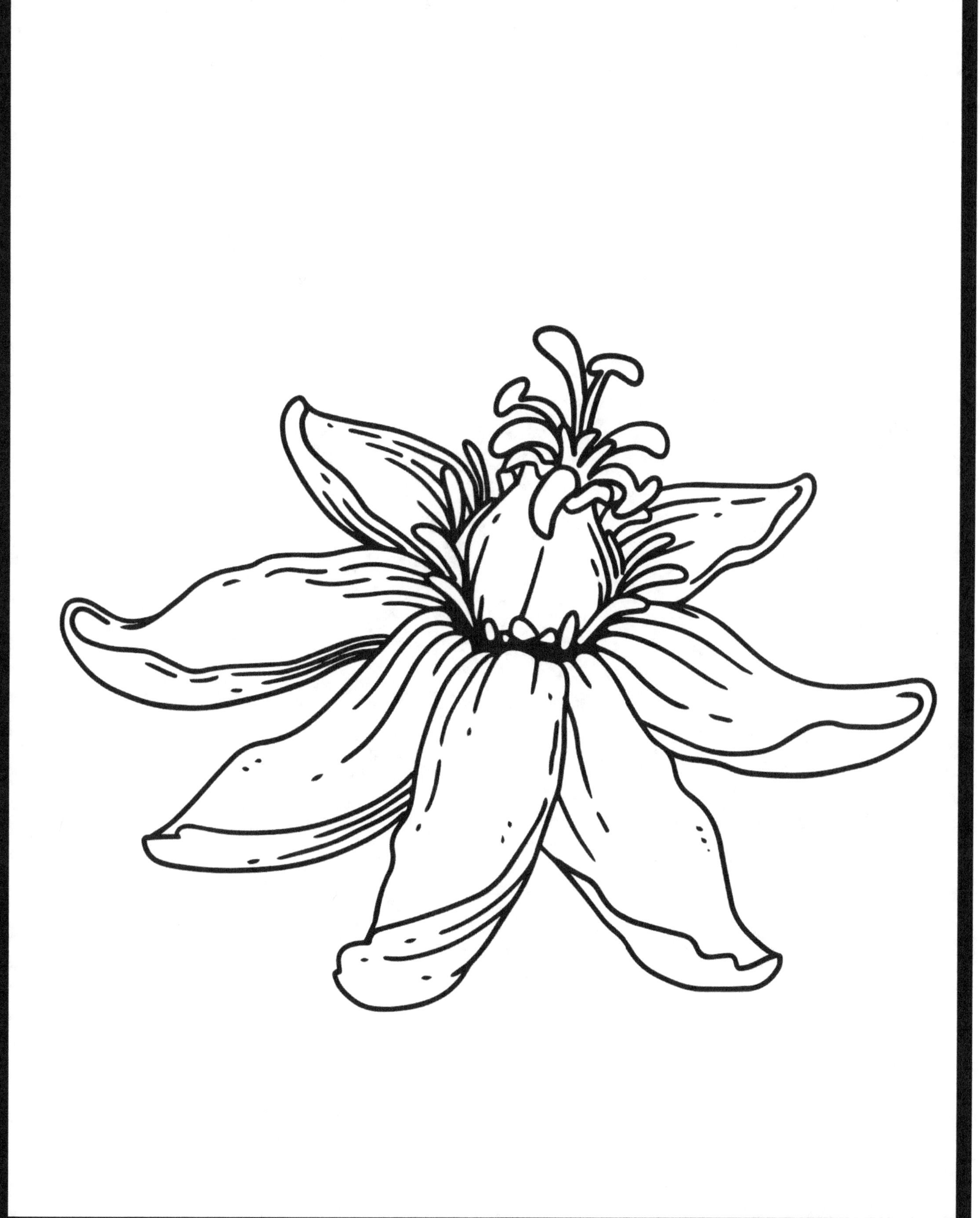

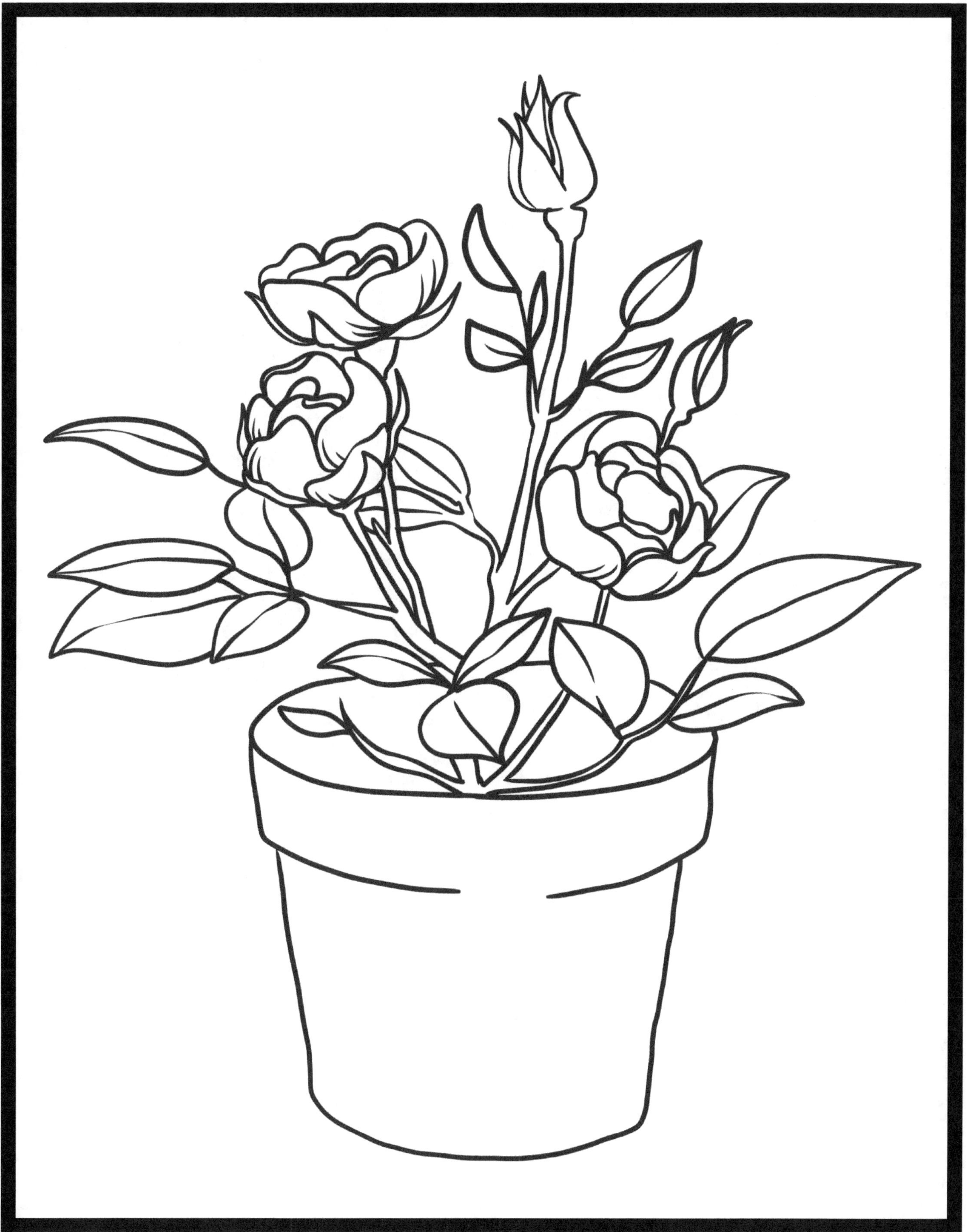

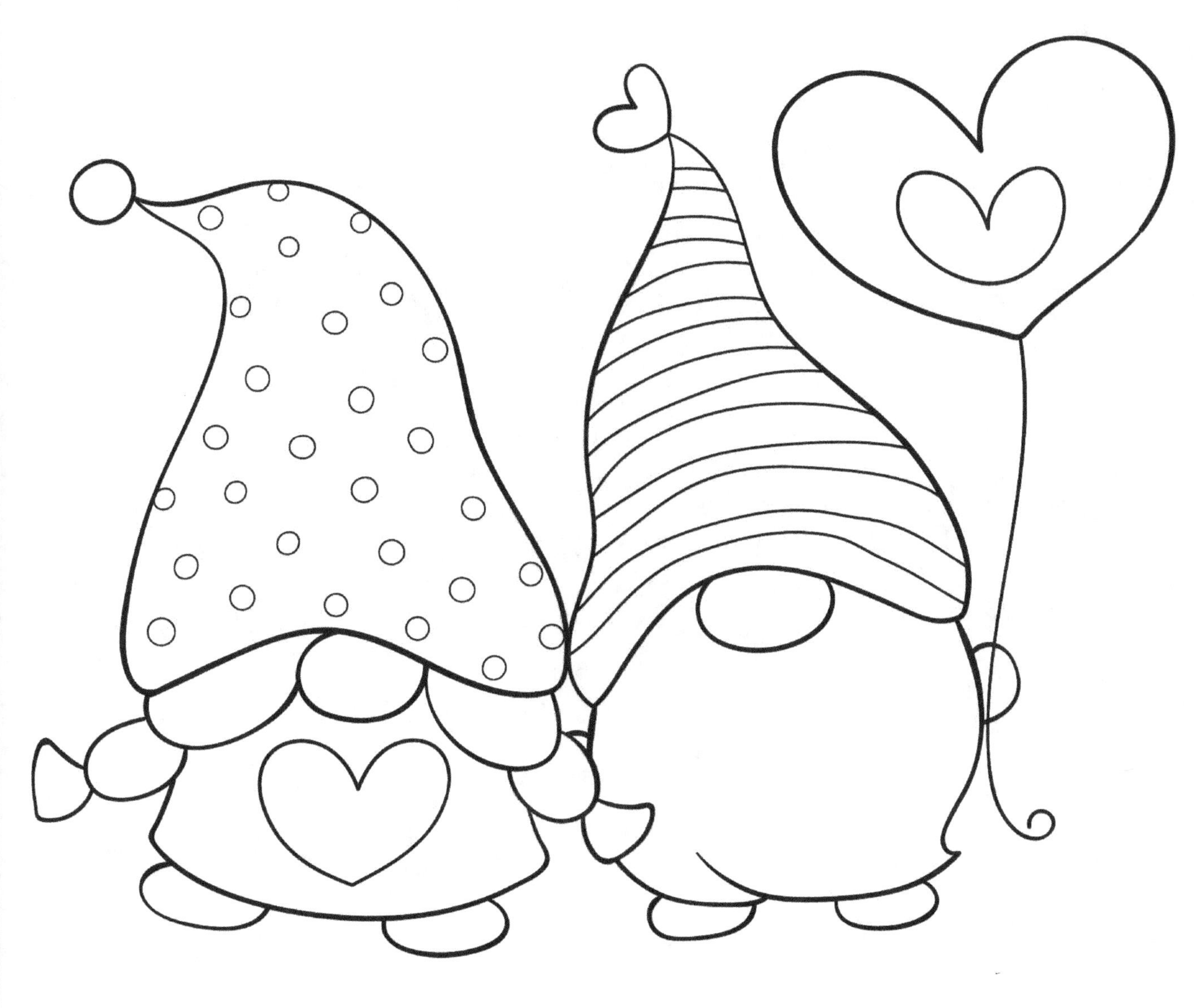

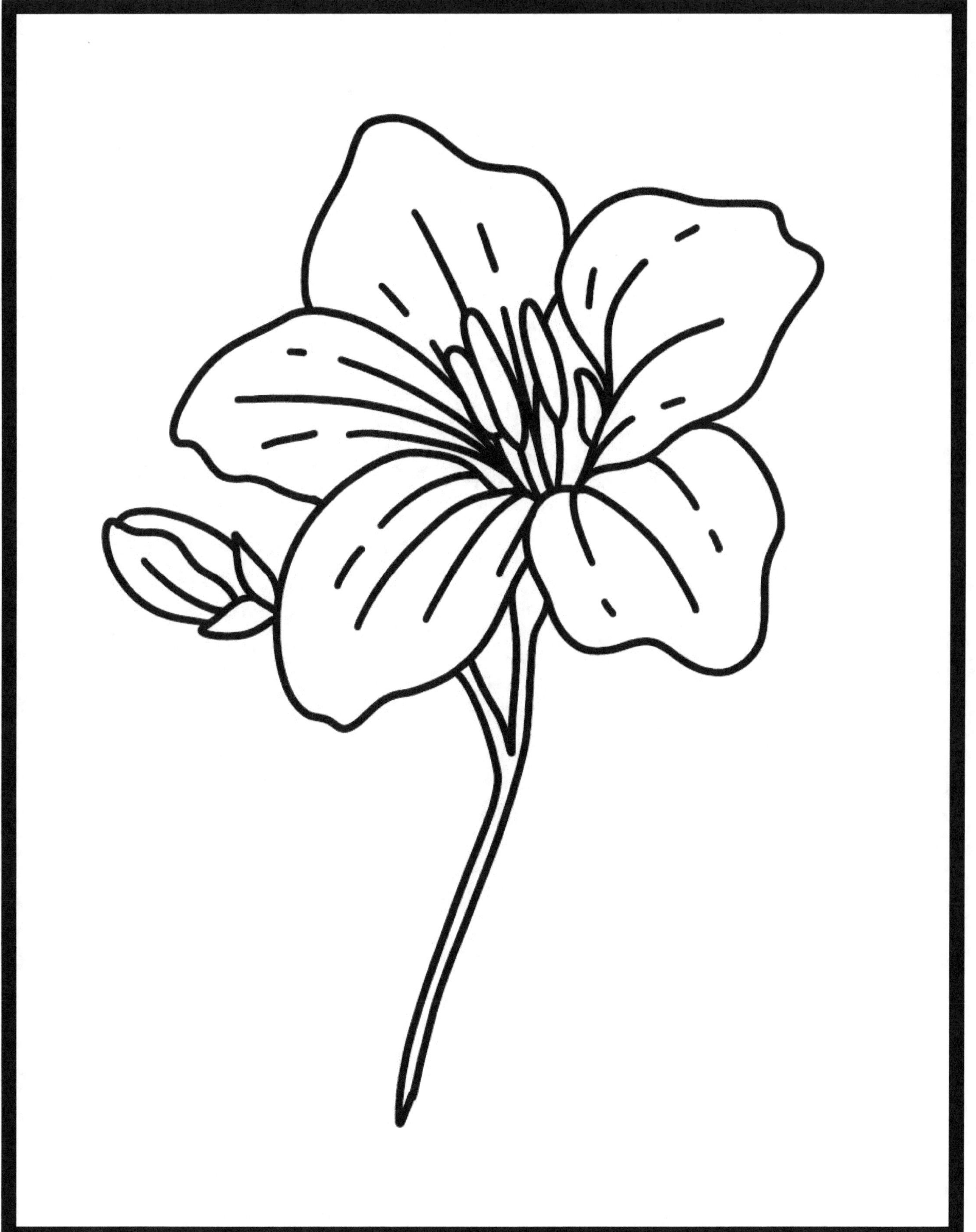

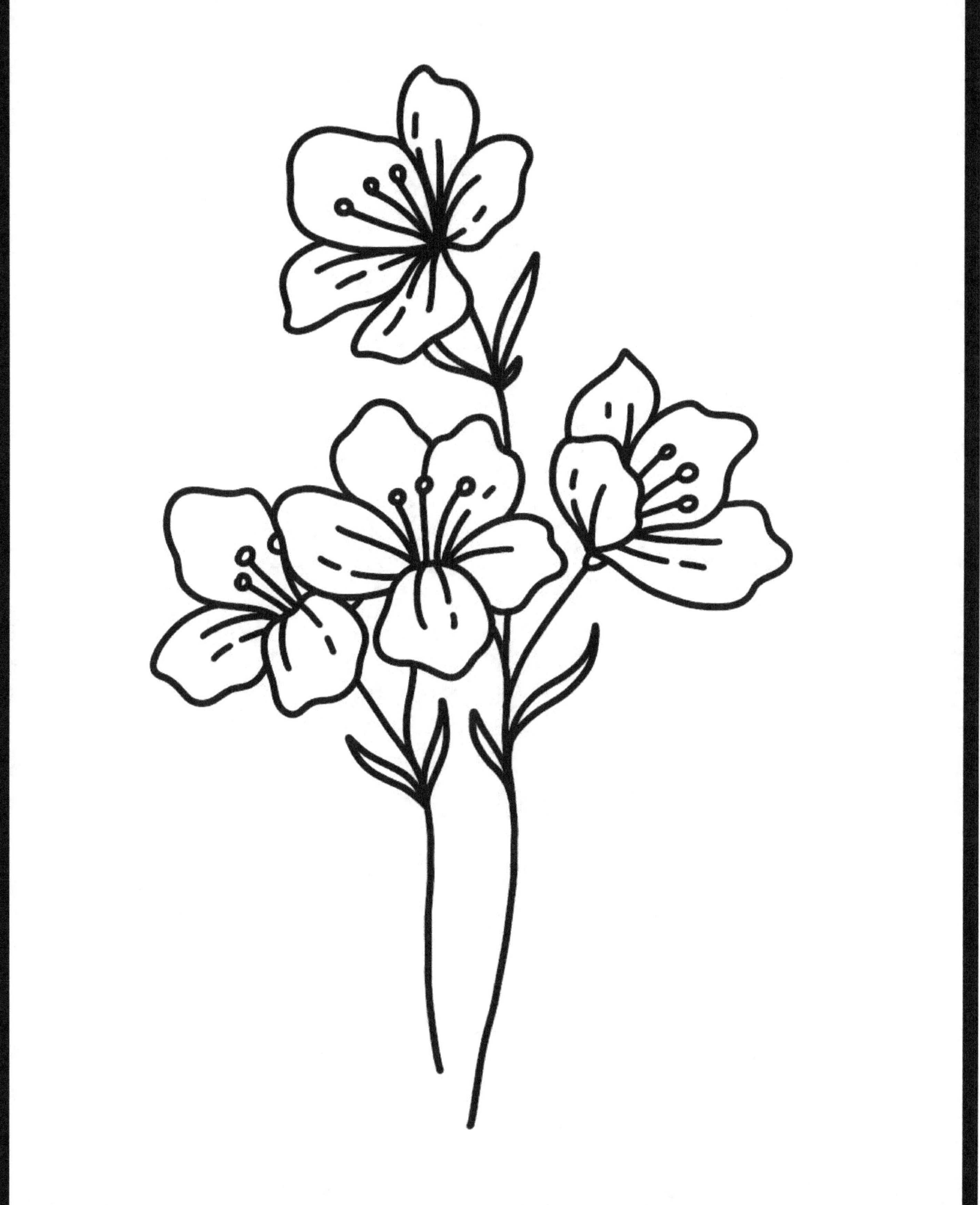

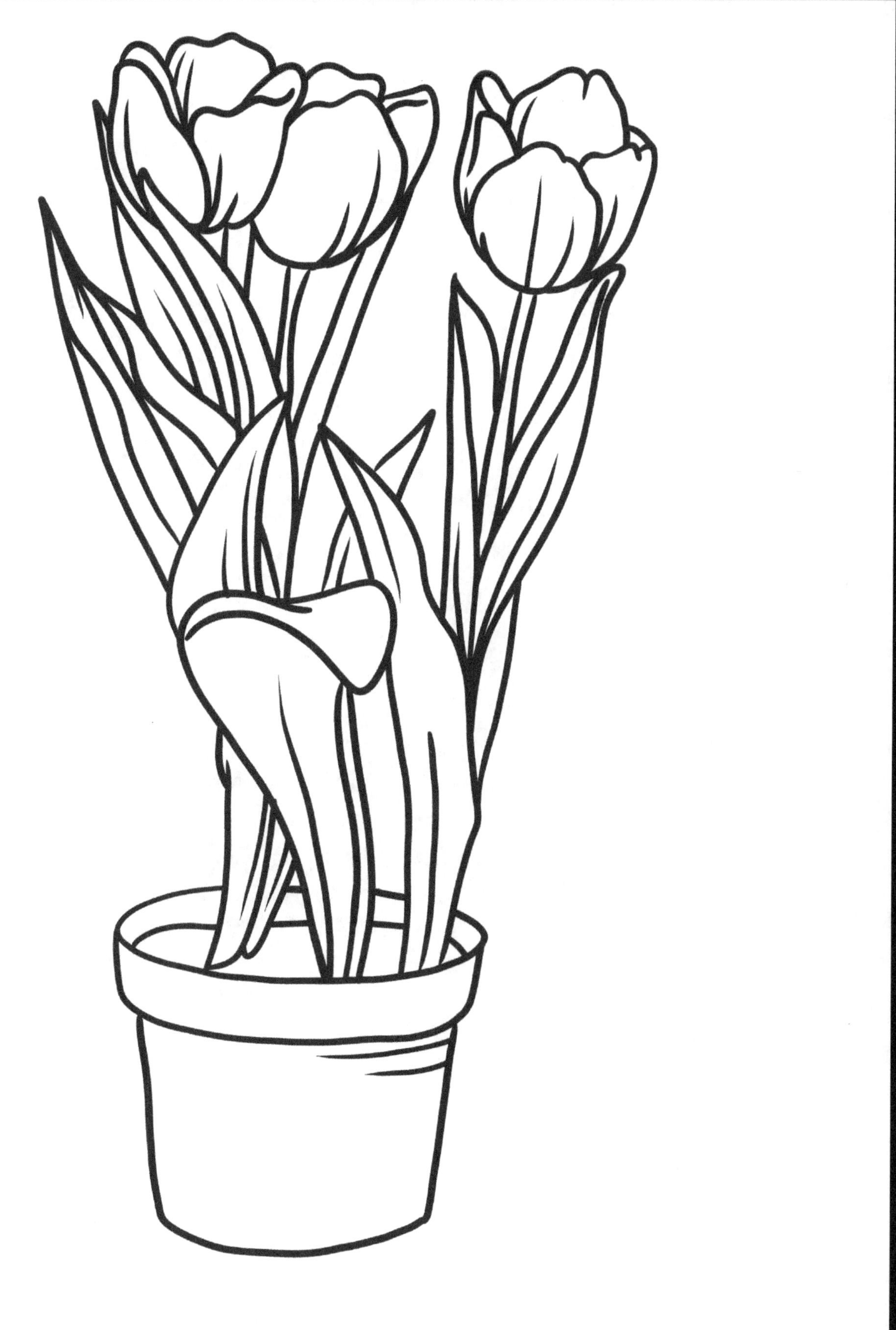

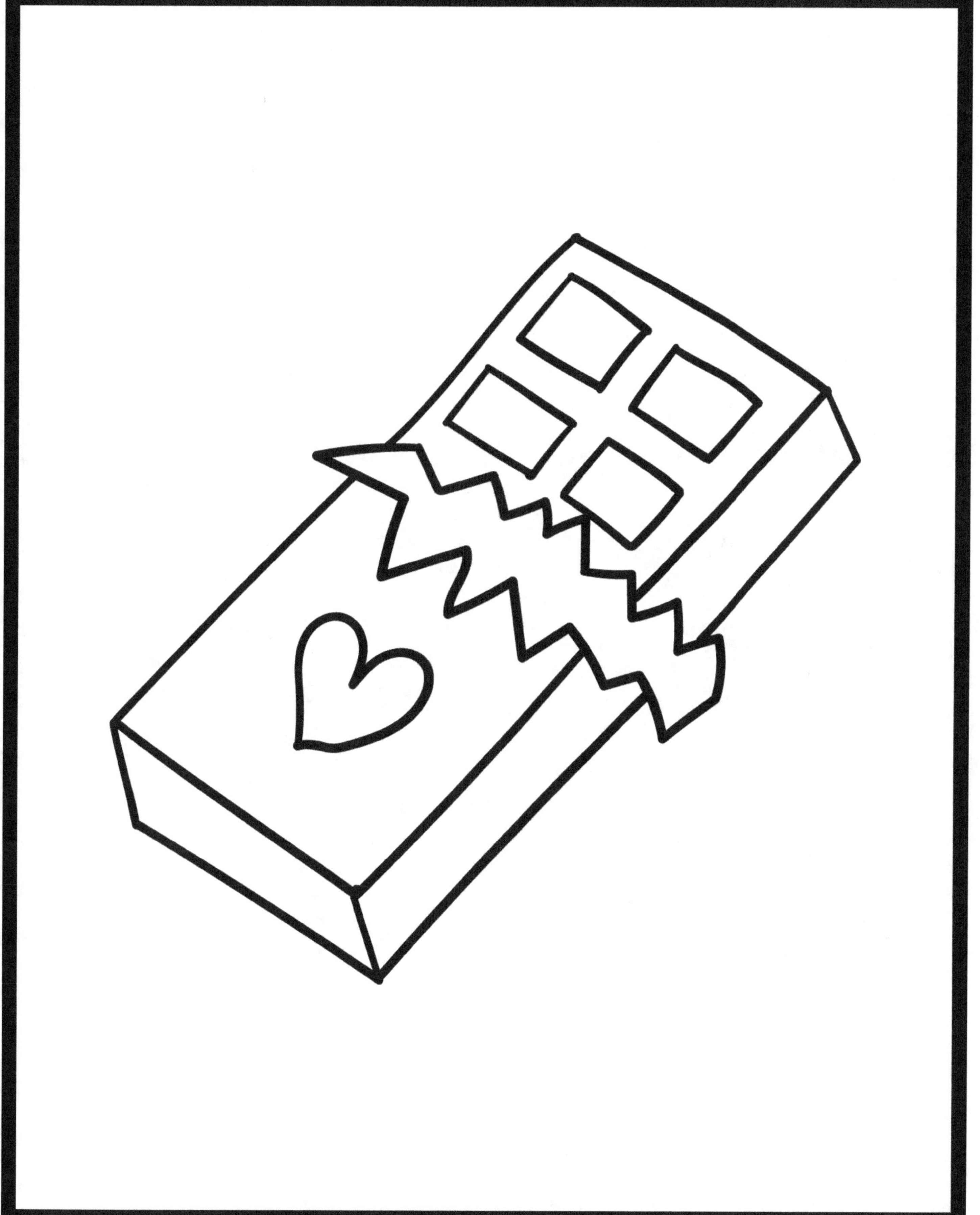

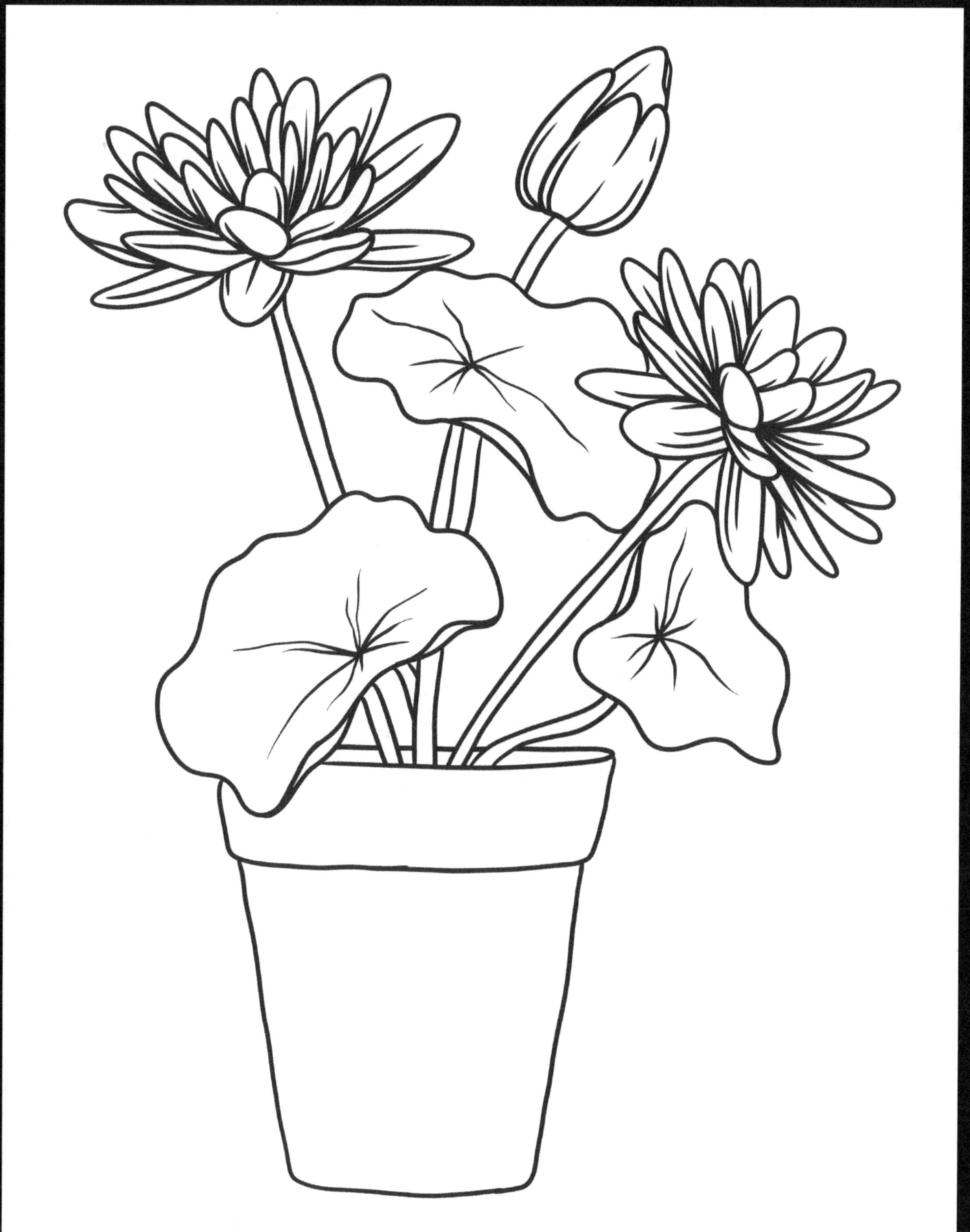

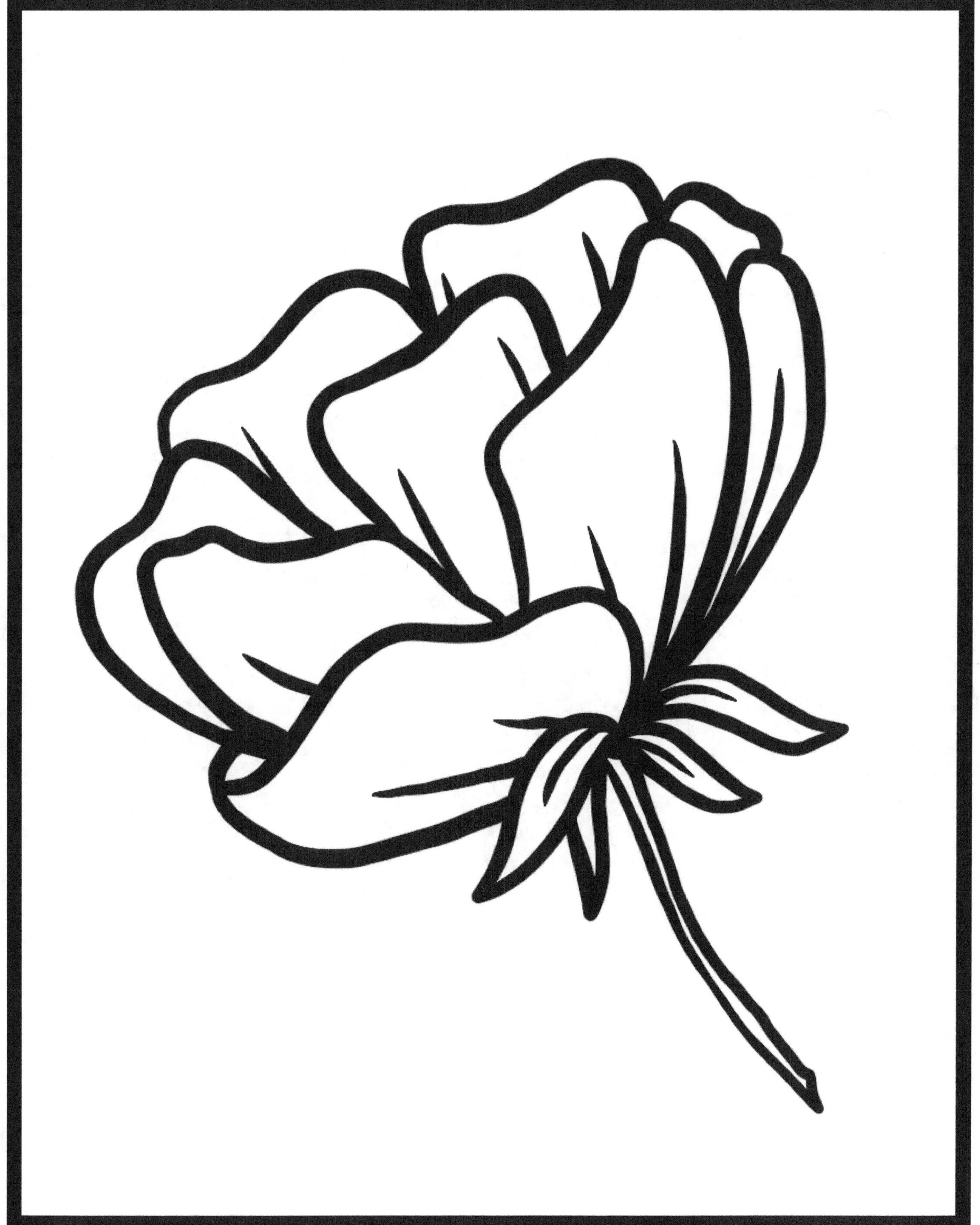

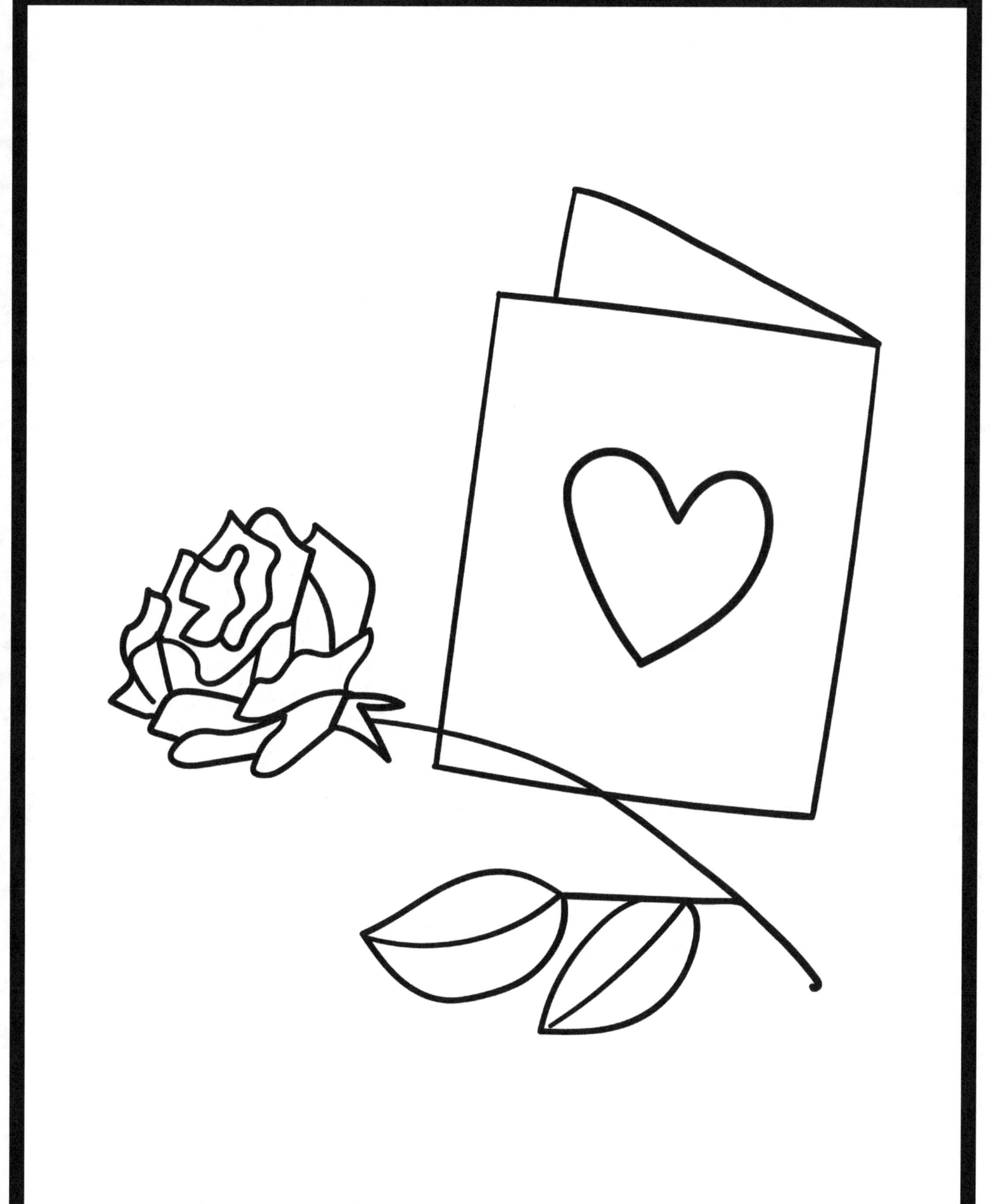

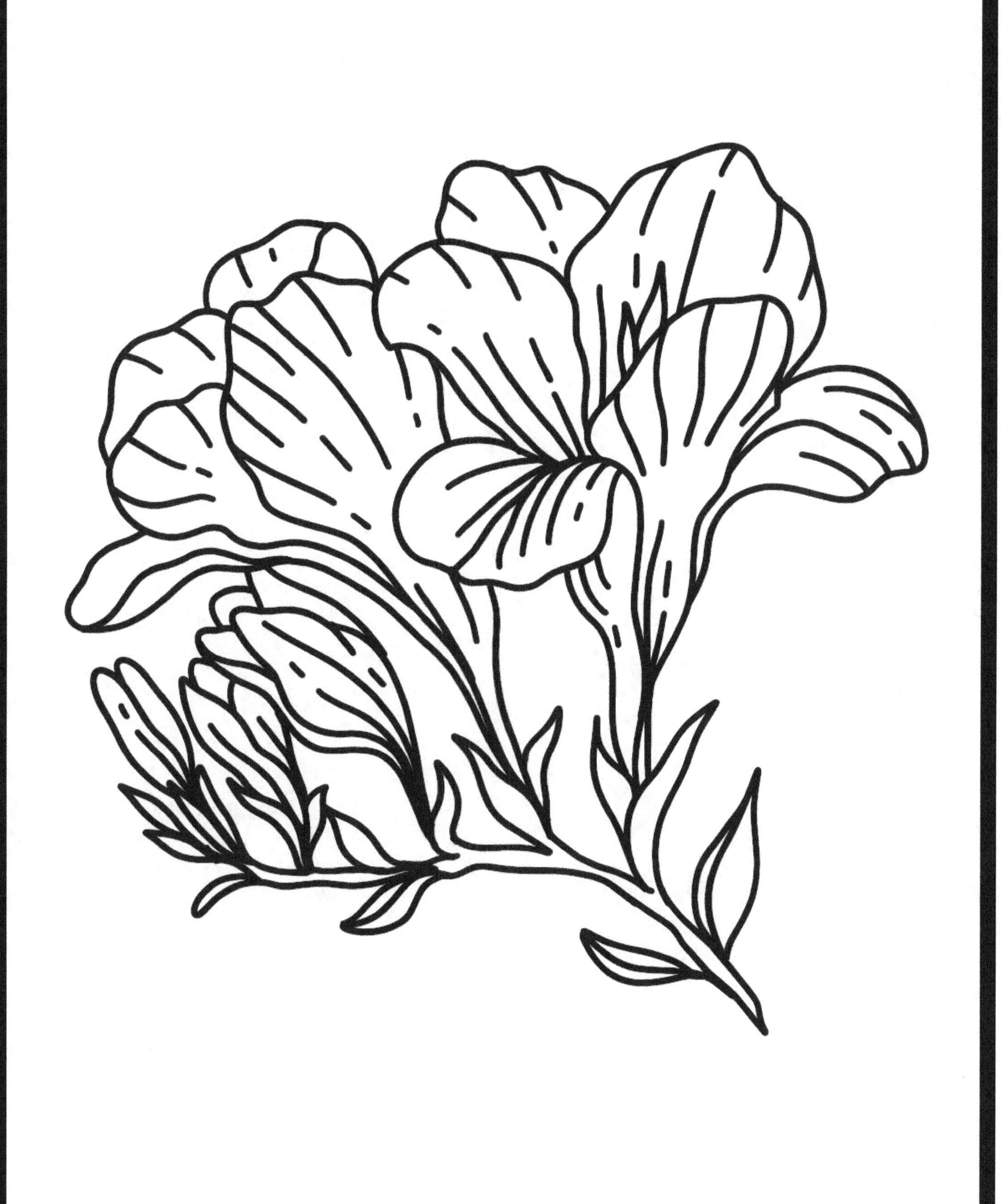

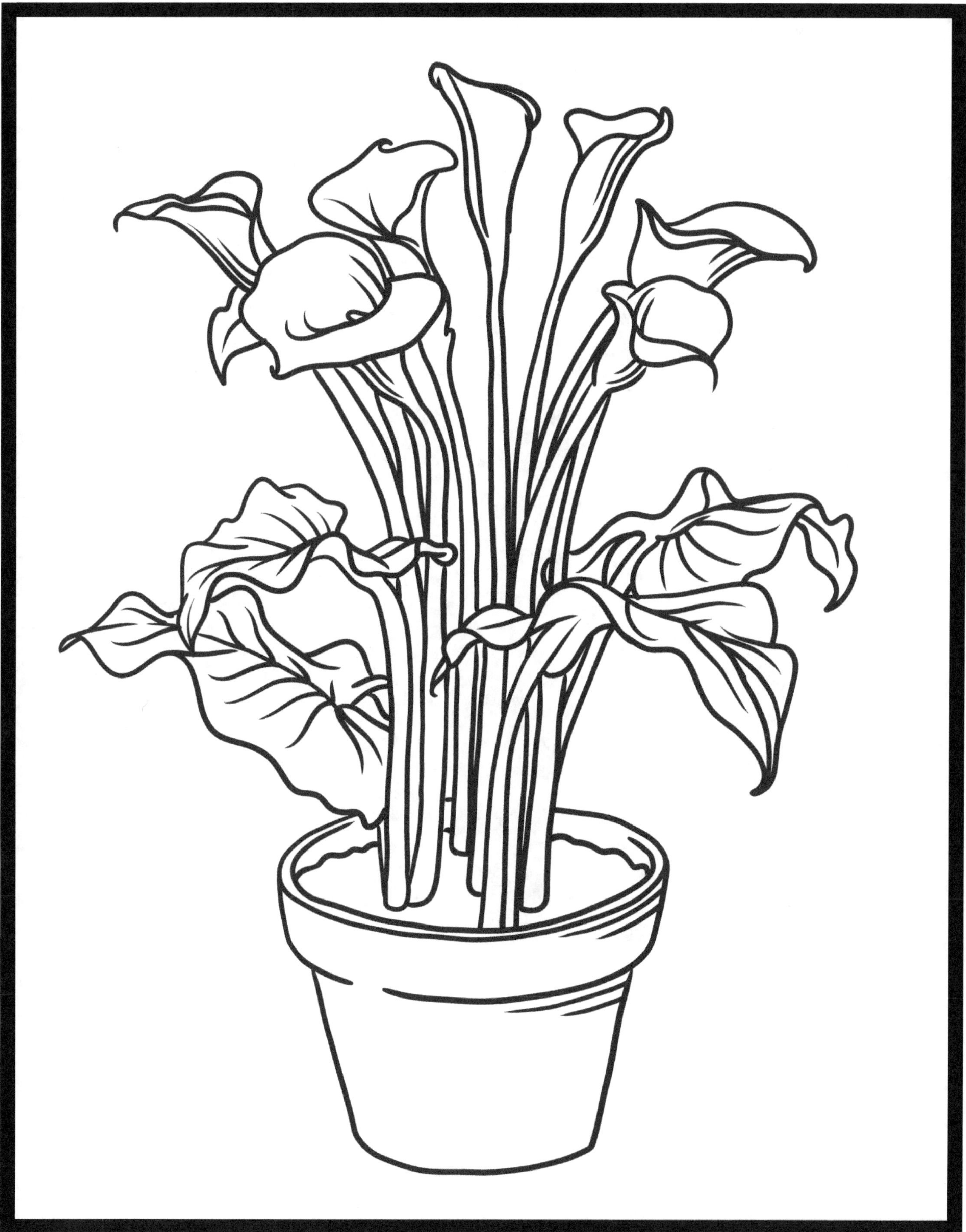

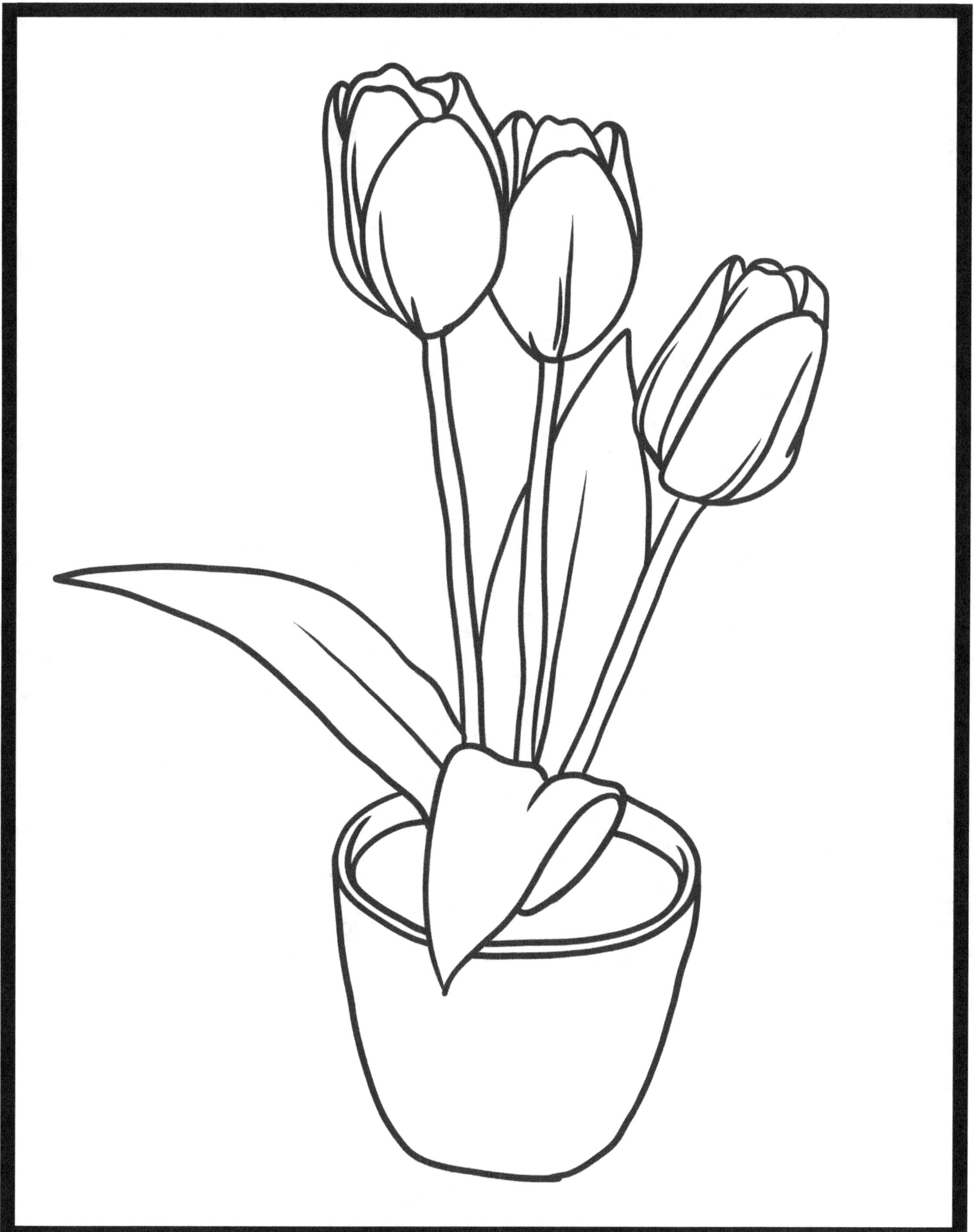

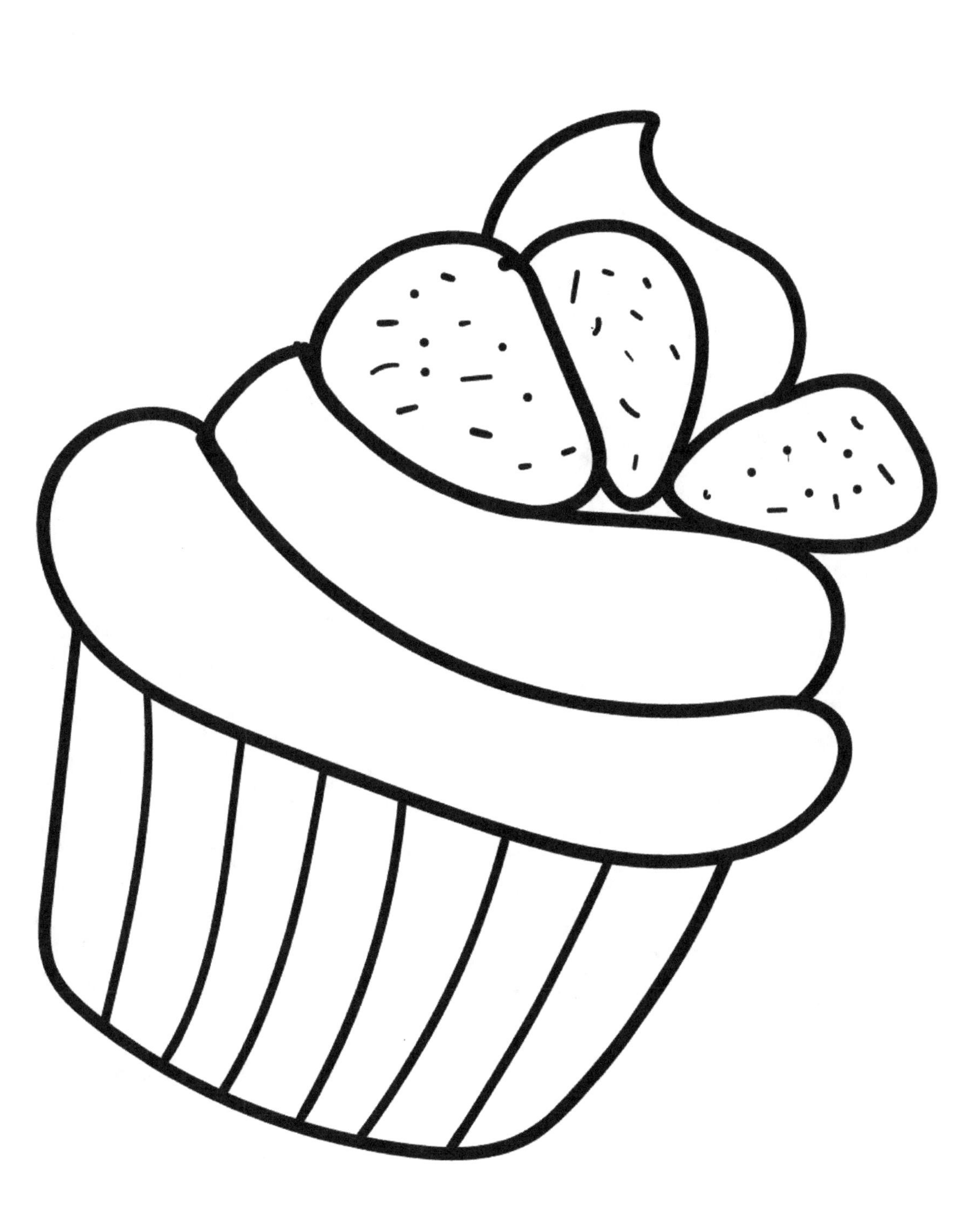

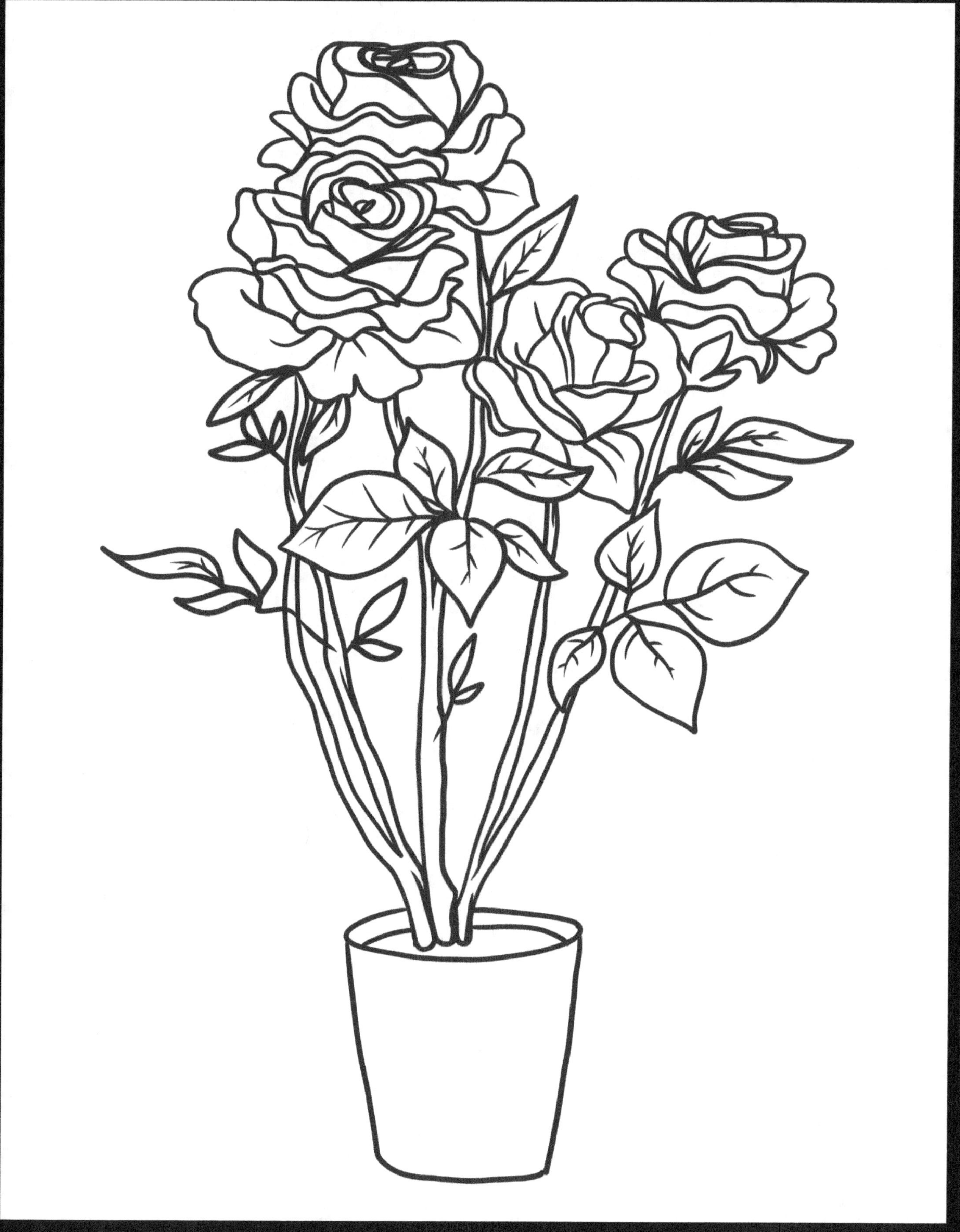

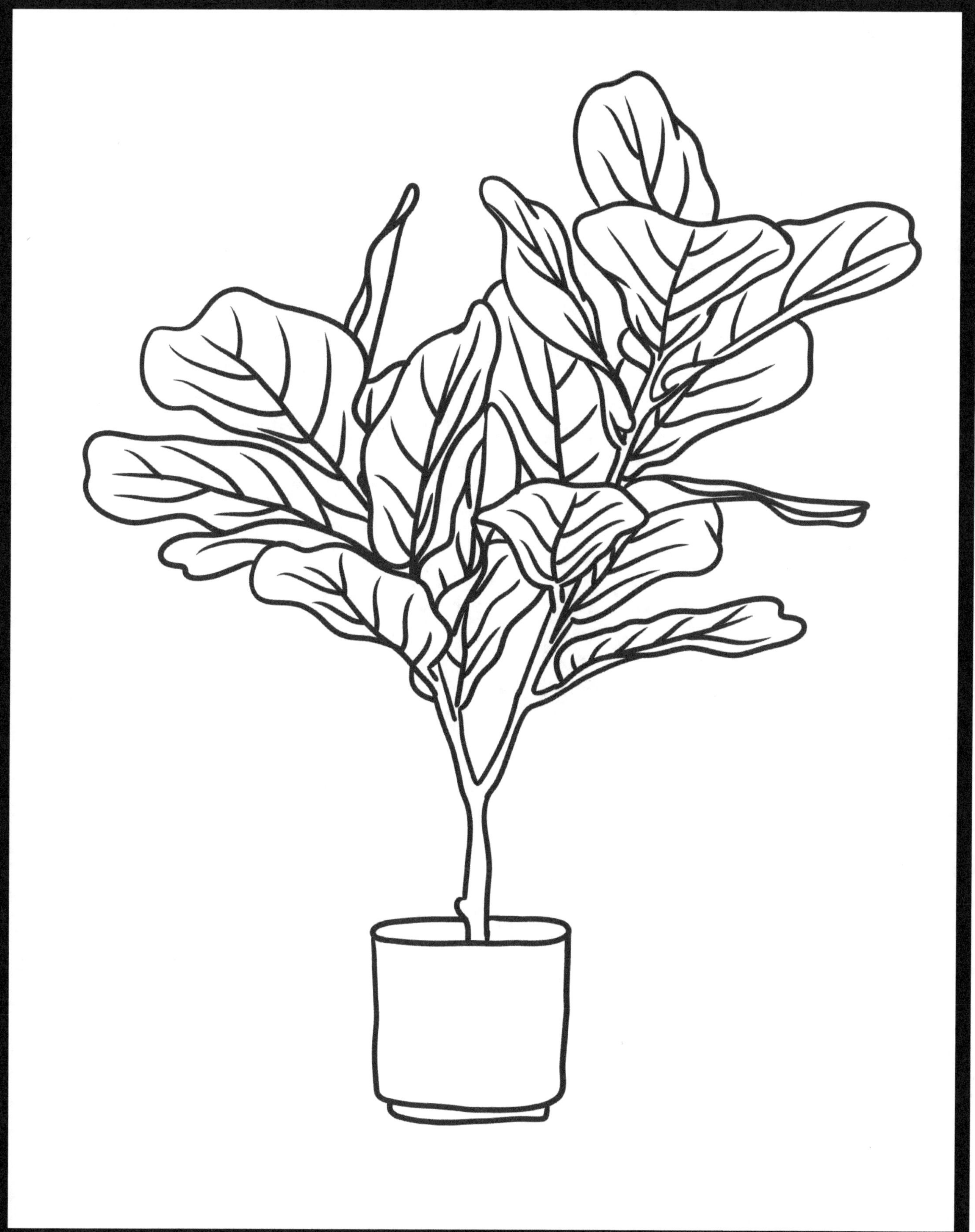

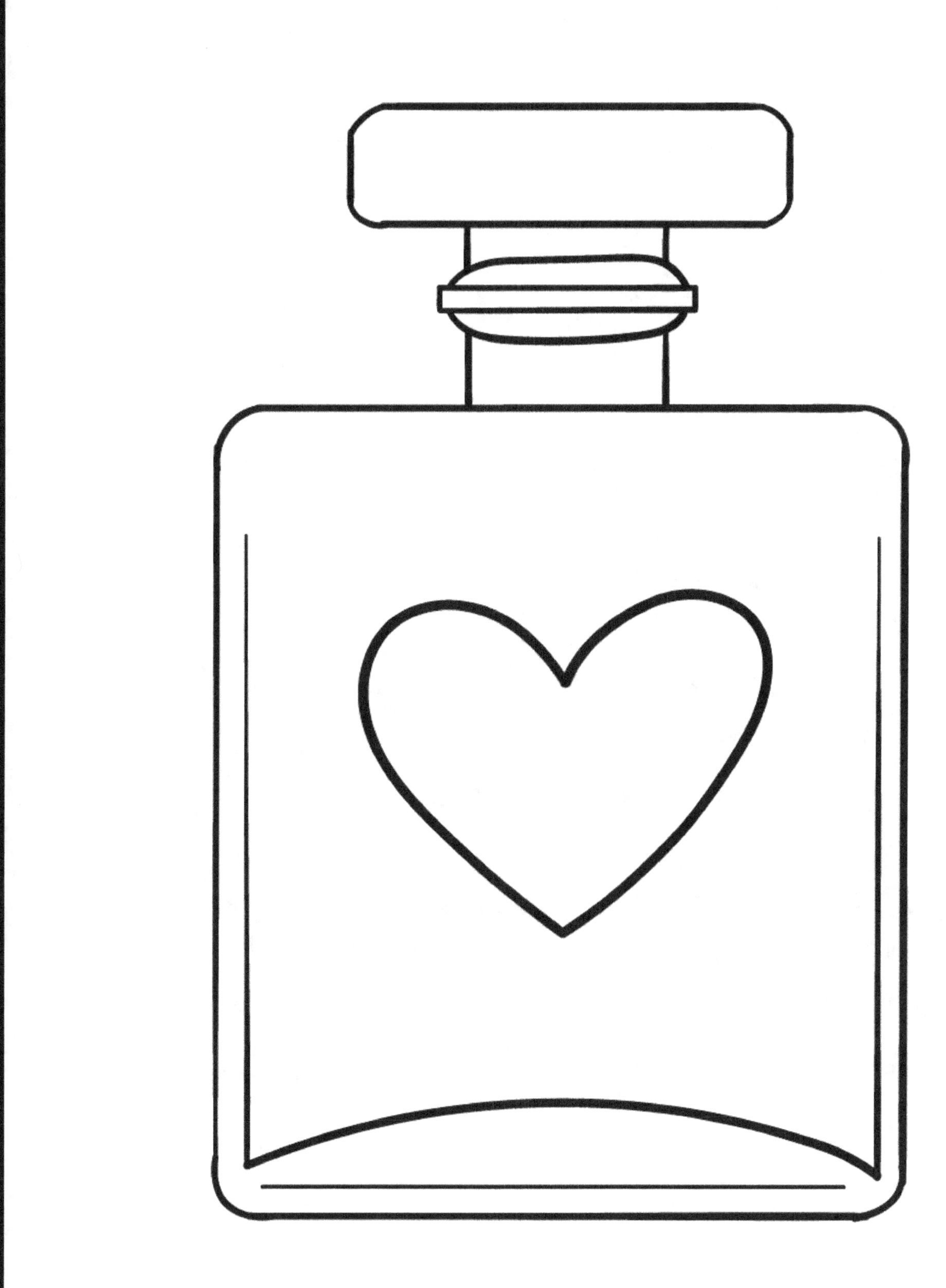

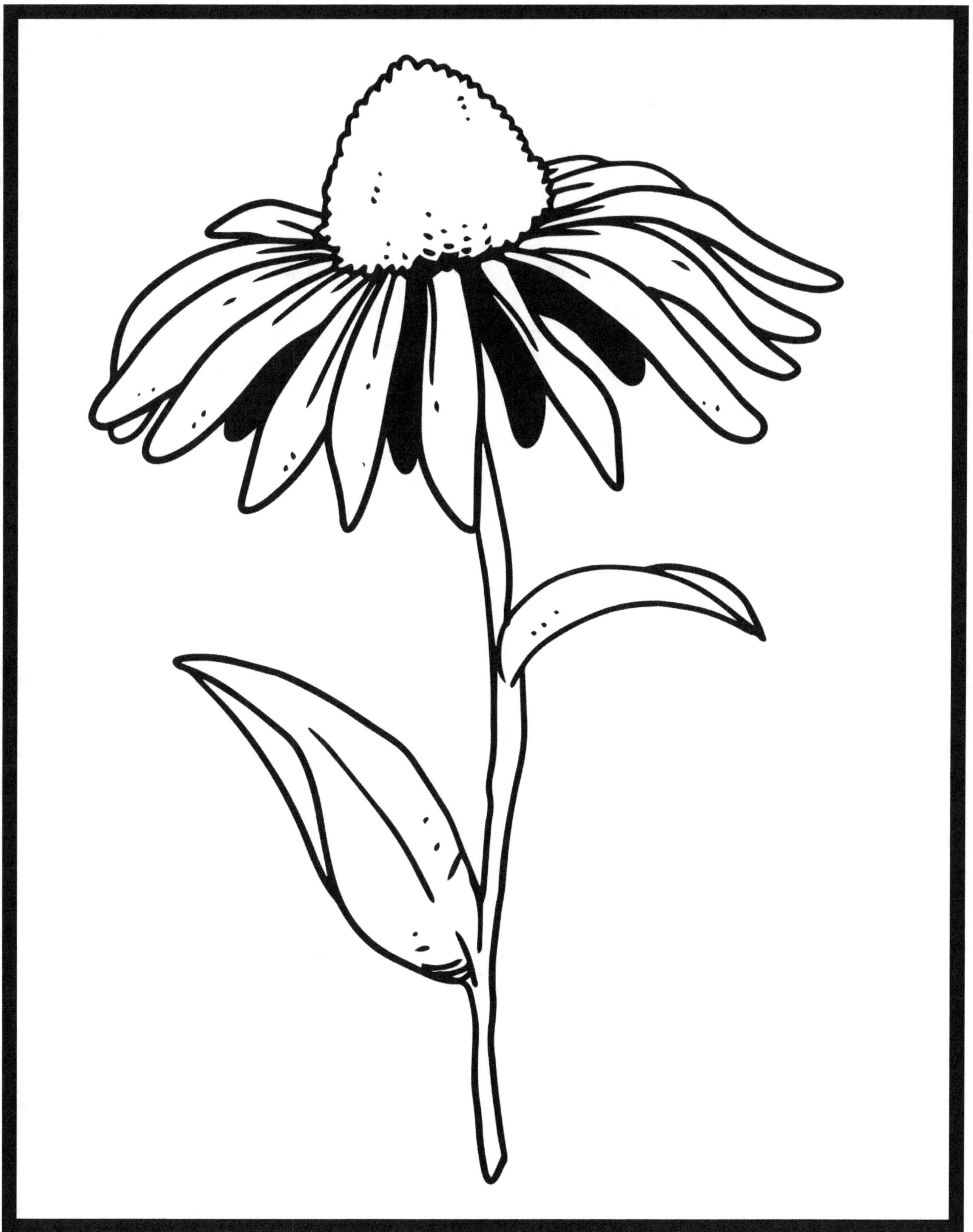

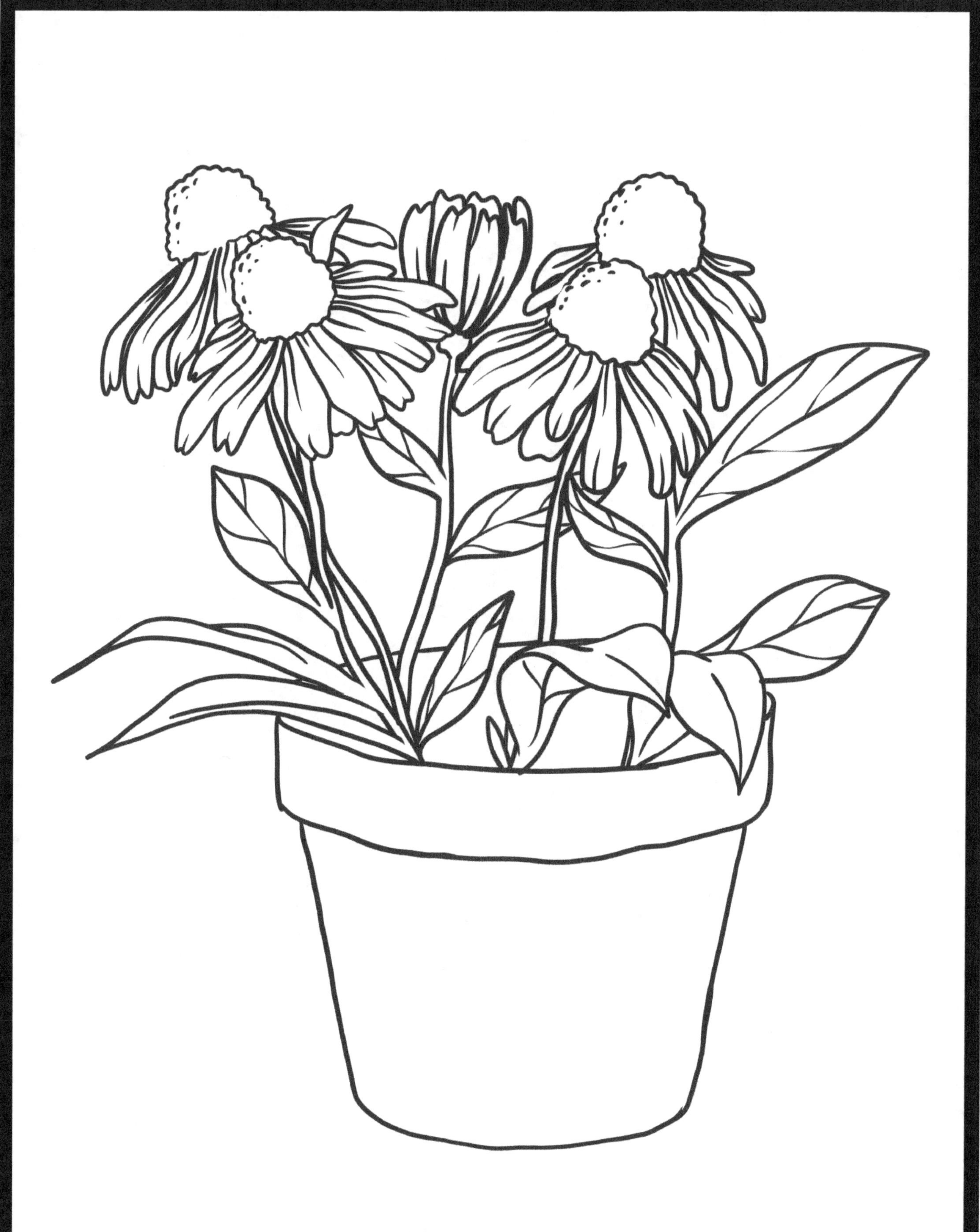

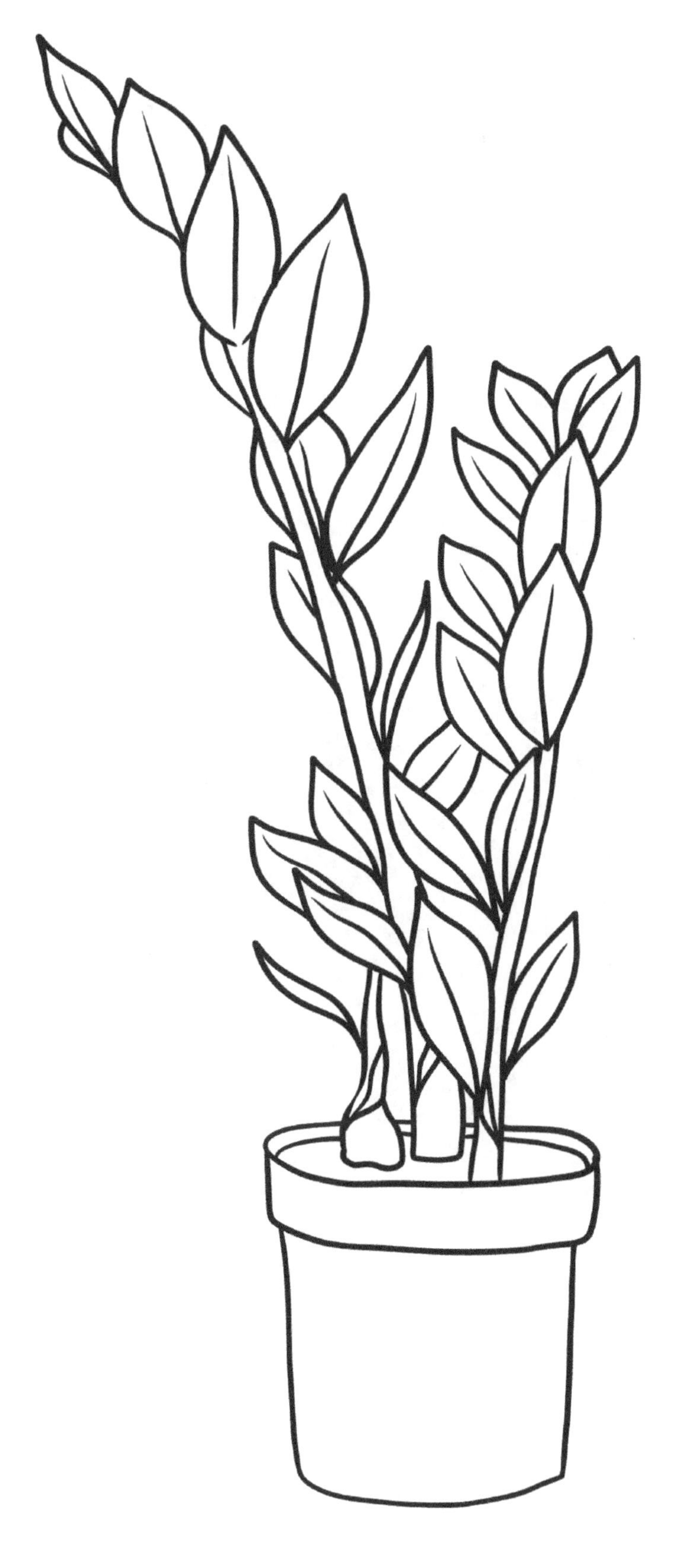